«*Atrévete a ser transparente* es u[n] ... ... No sólo es un llamado profundamente compasivo a volver a los brazos de nuestro Padre bueno, donde podemos recibir la gracia que necesitamos, sino un tratado brutalmente honesto de los pasos prácticos que son necesarios para alcanzar la libertad de los pecados sexuales. Esta combinación restaura la esperanza de que es posible ser sanado por el amor de Dios y transformado por el poder del Espíritu Santo.»

—MARCO A. BARRIENTOS
Salmista y autor de *Viento más fuego*
Pastor principal y fundador del Centro Internacional Aliento

«Este es un libro cuya contribución al reino no podrá ser medida en este siglo. Honesto, transparente, esperanzador y, sobre todo, saturado de gracia y restauración de Dios. Gracias, Charlie, por bendecirnos; tu propio quebranto se ha convertido en la liberación de miles.»

—TOMMY MOYA
Autor de *Destinados para las alturas*
Pastor principal y fundador del Centro Cristiano Restauración
Orlando, Florida

«*Atrévete a ser transparente* es un libro y testimonio impactante que te ayudará a salir de ese espíritu de autoengaño que, tal vez, tú o alguien que conoces se encuentra viviendo, llevándoles a alcanzar esa libertad total en Cristo Jesús. ¡Te lo recomiendo!»

—JULISSA, cantante

«La transparencia del testimonio de Charlie Hernández tiene la calidad de un diamante de alto precio. La calidad de un diamante se mide por cuatro características: talla, color, pureza y peso en quilates. Para que un diamante refleje mucha luz y brillo, debe estar bien tallado, tener el color blanco perfecto, una pureza sin inclusiones o marcas internas, y mucho peso en quilates. Ante tantos testimonios sintéticos fabricados en laboratorios, *Atrévete a ser transparente* es encontrar un diamante original.»

—DR. ENDER VARGAS,
Doctor en Psicología
Pastor de la Iglesia Filadelfia en Maracaibo,
Venezuela

«El testimonio de Charlie es el grito redimido de un alma que se desnuda. Denuncia los silencios que matan por dentro y que revelan la gloria postrera del genuino quebrantamiento»

—Dr. Rubén L. Arroyo
Psicólogo Clínico
Pastor de Casa de Restauración
en West Palm Beach, Florida

Atrévete

a ser
transparente

Atrévete
a ser
transparente

Charlie HERNÁNDEZ

CASA
CREACIÓN
A STRANG COMPANY

La mayoría de los productos de Casa Creación están disponibles a un precio con descuento en cantidades de mayoreo para promociones de ventas, ofertas especiales, levantar fondos y atender necesidades educativas. Para más información, escriba a Casa Creación, 600 Rinehart Road, Lake Mary, Florida, 32746; o llame al teléfono (407) 333-7117 en Estados Unidos.

Atrévete a ser transparente por Charlie Hernández
Publicado por Casa Creación
Una compañía de Strang Communications
600 Rinehart Road
Lake Mary, Florida 32746
www.casacreacion.com

No se autoriza la reproducción de este libro ni de partes del mismo en forma alguna, ni tampoco que sea archivado en un sistema o transmitido de manera alguna ni por ningún medio –electrónico, mecánico, fotocopia, grabación u otro– sin permiso previo escrito de la casa editora, con excepción de lo previsto por las leyes de derechos de autor en los Estados Unidos de América.

A menos que se indique lo contrario, todos los textos bíblicos han sido tomados de la versión Reina-Valera, de la *Santa Biblia*, revisión 1960. Usado con permiso.

Copyright © 2007 por Carlos J. Hernández
Todos los derechos reservados

Editado por: *Gisela Sawin*
Diseño interior por: *Grupo Nivel Uno, Inc.*

Library of Congress Control Number: 2006939909
ISBN: 978-1-59979-025-1

Impreso en los Estados Unidos de América
07 08 09 10 ❖ 7 6 5 4 3 2 1

DEDICATORIA

Este libro está dedicado a todos aquellos que se han sentido inadecuados hasta para vivir. A aquellos que han llevado su corazón a pasear por el paisaje de la fantasía, pensando ver su reflejo en el agua de la ilusión y luego han descubierto que han vivido una mentira. Por todos los que una vez chocaron de frente con la realidad del pasaje del apóstol Pablo, cuando dijo: «¡Miserable de mí! ¿Quién me librará de este cuerpo de muerte?», y aún esperaron que el mero conocimiento de este interrogante provocara un cambio que nunca llegó. A esos que reunieron sus esfuerzos y los hicieron correr en una competencia desenfrenada por santidad y, al final, cayeron de bruces, exhaustos por la frustración y la amargura de no ver sus sueños realizados, va este escrito.

También, quiero dedicar estas páginas a las vidas que rodean a estos mendigos de la identidad perdida; a todos los padres, hijos, esposas y amigos de aquellos que, por no hallar su propósito y su meta en Jesús, van de religión en religión y de infatuación en infatuación; silentes guardianes y testigos de estos naufragios existenciales, que sufren y lloran ante la incapacidad de entender y ante la frustración de no poder saciar los corazones agonizantes de sus amados.

Quiero ser violentamente transparente en este viaje que vamos a realizar, a través de un proceso continuo de sanidad y restauración. Muchas personas se incomodan con esta transparencia porque la usan mal, dándole categoría de sinceridad, cuando es una excusa para desahogar frustraciones y disparar reproches disfrazados. Hay otros, además, que se sienten intimidados por aquella, pues saben que sus vidas son una fachada, y tal actitud representa un reto que ellos no pueden afrontar. Sin embargo, la transparencia bíblica, la real, es aquella que desnuda el alma para demostrar y testificar lo que Dios es capaz de hacer, sin temor a ser malentendido o menospreciado. No voy a proponer soluciones infantiles ni idealistas, pretendiendo poner un pequeño vendaje a una herida que necesita transfusión de sangre y cirugía mayor; pero, sí, quiero establecer que hay sanidad para aquellos que quieran abrazar la cruz y caminar sobre la palabra que Jesús habló, cuando dijo: «El que quiera seguir en pos de mí niéguese a sí mismo, tome su cruz y sígame». Por esa razón quiero enfatizar que este libro no está escrito para las multitudes, sino para algunos pocos que hemos estado perdidos en dos lugares claves: dentro y fuera de las paredes de la iglesia.

Si con lo que comparto en estas páginas logro motivar a algunos de ustedes a poner sus ojos en Jesús y confiar en que Él ha provisto desde ya los recursos para su recuperación y, de esa manera, tomar la decisión de «salir del closet» de la farsa, habré logrado el cometido de obedecer a su mandato. Acompáñame por los corredores de esta historia que muy bien podría ser la tuya o la de alguien a quien amas y atrévete a confrontar tus fantasmas para descubrir que en realidad, detrás de ellos, tal como Pedro y los demás lo vieron en el mar, está Jesús... Atrévete a discurrir el velo de la vergüenza, a dar un paso de fe y hollar el lecho del mar Rojo que se está abriendo para ti, hoy. Atrévete a encarar la realidad de quién eres... **Atrévete a ser transparente.**

CONTENIDO

RECONOCIMIENTOS

Cuando miro hacia atrás y veo todo el camino recorrido hasta estos días, no puedo dejar de pensar que estuviste allí en cada decisión difícil, en cada alegría opacada por la impureza, como testigo de las palabras proféticas que han sido irrevocables en mi vida. Fuiste tú quien le dio forma coherente, con tu ternura, a mi distorsionada manera de amar, como yo la entendía, y me mostraste el rostro de la gracia con tu fidelidad y tu inquebrantable verdad.

Solo alguien diseñado por la mano de Dios podría tener la capacidad de amar con esa fuerza, con tanta fe, con la pasión del que sabe que algo es suyo por derecho propio. Alguien que da la vida como la has dado tú, que supo partirse en cuatro poemas y sobró aún lo suficiente como para recorrer los confines de la tierra, hasta alcanzarme a mí. Soy el más dichoso de los hombres por tenerte prestada por un tiempo, mi amada esposa Nany.

A mis hijos, Anneliesse, Josué Gamaliel, Laura Ellice y Joseandreé, cuatro estrofas de la canción más bella del Universo de mi corazón, a ustedes les debo la cordura y la noción de retornar a casa. Les debo las lecciones de volver a lo sencillo y de entretejer sueños, de alegrarse con lo cotidiano. No deja de asombrarme cómo para el mundo son tan «raros» y, para Dios, tan familiares y cálidos. Nunca dejaré de aprender, a sus pies, lo que es tener un corazón reconciliador.

A mis padres, Josué Hernández y Laura Maldonado, les pertenece la gloria de dejar un legado de valentía y un ejemplo de quebrantamiento. Ustedes me siguen enseñando lo que es tener un corazón conforme al corazón de Dios. Papi: la deuda ha sido completamente pagada... eres libre de disfrutar los beneficios del que confía en Dios. Mami: el génesis de mi caminar con Dios lo produjo tu espíritu temeroso de sus caminos y tu atrevimiento davídico de entrar a donde los demás no se atreven... sencillamente, porque lo conoces, y no te pueden venir con cuentos.

Pastor Rigoberto y Sonia Carrión. La coincidencia jamás podrá llevarse el crédito de tenerlos en nuestras vidas. Una orden soberana se escuchó en los cielos, y una mano poderosa penetró sus corazones para llevarnos al nivel de sanidad que siempre soñamos.

Cristo, a ti que eres verdad y vida... mi verdad y mi vida. Tú me convertiste porque yo jamás podría adjudicarme el crédito de escoger la gracia sin ti. Vivo para honrarte y dedicar cada aliento de mi existencia a tu memoria y gloria. Tengo ansias de verte cara a cara; no sé lo que pueda hacer cuando te vea, pero una cosa sé: no me separaré de tu lado en toda la eternidad.

La Iglesia: porque estás viva, y creo en que eres la plenitud de Aquel que todo lo llena en todo. Dios no quiso hacer nada en mi vida sin ti; por tanto, me dedico a buscarte, edificarte y fortalecerte con lo que Él puso en mí para bendecirte.

Prólogo

Este libro descubre la realidad de que hay quienes sienten amar al Señor con todo su corazón, y a la vez luchan silenciosamente con una corrupción interior producto de experiencias pasadas que originaron dicha desviación del propósito divino.

Este es el tipo de libro que en la eternidad se determinó que se escribiría para los últimos tiempos. El mismo se distingue por la transparencia y el valor con que se escribe, cuyo propósito es sacar a la luz las verdades que nadie se atrevió aceptar de sí mismo; para que otros, dentro y fuera de la iglesia, abriguen la esperanza de que ellos también pueden disfrutar de sanidad en estas áreas que el mundo decretó que "no pueden cambiar".

Sé que este mensaje provocará al arrepentimiento, al temor de Dios, a la fe en el poder transformador de la Palabra de Dios y del Espíritu Santo, nuestro bendito Ayudador. Provocará el gozo y la alegría de saber que hay iglesias en este tiempo que son restauradoras y no condenadoras. Provocará, a su vez, asombro al descubrir que hay ministros de Dios que pecan, pero humildemente se someten al proceso de la verdadera disciplina y pueden ser restituidos al ministerio; y así su estado posterior termina siendo mejor que el primero.

Creo que todos los pastores y padres de familia deben leer este libro, para que podamos ser preventivos y nunca dar la inocencia por sentado. Les abrirá los ojos espirituales y les despertará la necesidad de orar para desarrollar más discernimiento preventivo en nuestros hogares y congregaciones.

Charlie, te felicito por haber escrito este libro; esta generación más que cualquier otra lo necesitaba.

REY MATOS
Autor de *Señor, que mis hijos te amen*
y *La mujer, el sello de la creación*

Prefacio

Nuestro mundo está desesperado por modelos, hombres o mujeres que se atrevan, en una forma clara, definida y auténtica, a rasgar el velo de sus vidas para dejarnos ver la humanidad que en todos existe. Al mismo tiempo, necesitamos ver ante nuestros ojos la gracia y la misericordia sanadora y restauradora de Dios, en acción, sobre la vida de ellos y en la nuestra. A estos hombres y mujeres yo los llamo «Héroes Auténticos». Gente que, a través de sus procesos y testimonios, nos inspira a que amemos más, alcancemos más y nos paremos con la frente en alto. ¡En la Biblia, hemos leído biografías de tantas personas que nos han fascinado! Hombres comunes y corrientes, de carne y hueso, que nos dejaron ver sus fortalezas y debilidades; y que, cuando decidieron levantarse, cambiaron el curso de la historia, tocando generación tras generación.

El poeta ruso Boris Pasternak dijo en cierta ocasión: «No son la revoluciones o los trastornos los que preparan el camino para un nuevo y mejor día, sino alguien con un alma encendida e inspiradora». En este libro, el cual considero una crónica de los hechos, el autor no deja nada sin ser expresado. Con su alma a «fuego», se lanza con su rostro desnudo a limpiar y preparar el camino a favor de aquellos que necesitan un nuevo y mejor día; muchos que, por ser víctimas de las circunstancias de la vida, quedaron atrapados en un mundo de mentiras y engaños. Estas personas estaban necesitando a gritos un modelo, y el autor de este libro se ha convertido en un héroe. Yo he sido testigo de ver no solamente a Charlie Hernández pasar por un proceso doloroso de lágrimas y vergüenza, sino también, de que hay una esposa y unos hijos a su lado, que se han convertido en sus héroes. Nunca había yo visto una familia modelar un amor tan intenso, una gracia tan reveladora y una misericordia tan tierna. ¡Nany, Anneliesse, Josué, Laurita y Josean, ustedes, también, son mis héroes!

Con lágrimas, expresa mi corazón estas palabras; y sé que con lágrimas, a través de esta obra maestra, usted se sanará y se levantará, en el nombre de Jesús. Hay muchas oportunidades que se nos presentan en la vida, yo las llamo oportunidades divinas. Este escrito es una de ellas porque, al igual que el autor que un día estuvo ciego y le fue devuelta la vista, también a usted le ha llegado la misma oportunidad: **¡NO LA DEJE PASAR!**

Charlie, gracias, en nombre de mi familia y del Centro de la Familia Cristiana, por ser quien tú eres hoy, dejándote usar para que otros reciban su libertad. Te amamos a ti y a tu casa.

ROBERTO CANDELARIO, Pastor principal
Centro de la Familia Cristiana
Orlando, Fla.

ANTES DE COMENZAR A LEER...

Este libro está diseñado para ser ayuda tanto para aquellos que quieren salir de la trampa del quebrantamiento sexual como para familiares, amigos y ministros que deseen aprender a ser ayos para sus amados que están afligidos por este estilo de vida. Con esto, no queremos decir que es un estudio científico exhaustivo ni que pretende ser algún tipo de manual para ofrecer terapias; más bien, se trata de recomendaciones y consejos prácticos que, a la luz de mis propias experiencias y las que he recopilado de otros, han sido de utilidad. Por esa razón, al final de varios capítulos, hay unos apuntes y preguntas de discusión en grupo para facilitar la dinámica de aprendizaje.

Los fragmentos al término de cada capítulo se organizarán de esta manera:

- **Puntos de reflexión:** Dinámicas, preguntas o ejercicios que incluyan un grupo de personas interactuando terapéuticamente.

- **Puntos de interés:** Datos estadísticos o anécdotas basadas en el tema en discusión.

- **Cómo ayudar a alguien a quien amo:** Pasos y medidas por tomar para tratar un asunto en particular.

Capítulo uno

Todo empieza con una semilla

> «Pero mientras dormían los hombres, vino su enemigo
> y sembró cizaña entre el trigo, y se fue.»
> —Mateo 13:25

Hace mucho tiempo, oí mencionar que los niños son como una página en blanco en la que nosotros, los padres, escribimos, mientras se forma su carácter. Si esto es cierto, entonces somos muchos los que tenemos en nuestras primeras páginas varios borrones, garabatos y horrores ortográficos. Sin embargo, el propósito original de Dios siempre fue que, como padres, escribamos en las tablas del corazón de nuestros hijos su diseño y su ley perfecta.

La Biblia tiene varias referencias a eventos, en los cuales la niñez ha corrido un inminente peligro de muerte. Entre esos, podemos contar la historia de Moisés y la de Jesús, como dos clásicos de suspenso en la Palabra de Dios. En ambas ocasiones, los monarcas regentes de la época estaban tratando de impedir que sus reinados fueran cortados o exterminados a causa del nacimiento de líderes o pueblos más fuertes que ellos. ¿Puede ver la similitud, actualmente, en lo que está pasando con nuestros niños?

En estos días, entre tanto comenzaba a escribir este libro, fui a recoger a uno de mis hijos a su escuela y mientras estaba en la sala de espera comencé a hojear la revista *News Week*, en cuya portada aparecía el titular de un reportaje donde se preguntaba qué haría la iglesia católica con sus escándalos de abuso sexual infantil. En él, se narraban escalofriantes historias de cómo sacerdotes, violando la confianza y la buena fe de sus feligreses, tomaron ventaja y abusaron sexualmente de niños, de cinco a dieciséis años de edad. Mi corazón se estremecía al ver fotos de esos sacerdotes con los pequeños y, especialmente, las de dos de ellos, que habían cometido suicidio antes de los veinticinco años. Este reportaje incluía una entrevista a un sacerdote de sesenta y tantos años que había salido recientemente de prisión, donde trataba de explicar cómo había caído en semejante acto. Él decía que todo había comenzado en una búsqueda de intimidad y de aceptación entre los niños; pero que, al tiempo, esa necesidad se transformó en una sexual y terminó en una relación enfermiza.

No cabe duda de que historias como ésta se repiten cada vez más a menudo en nuestra sociedad. Este tipo de abuso se da en todos los niveles y estratos sociales, tanto en iglesias de cualquier denominación como en esferas de liderato político o en cualquier organización institucionalizada. La realidad de que hay un ataque violento en contra de nuestra niñez es algo que no podemos seguir ignorando. Al igual que en tiempos bíblicos, nuestro adversario sigue tratando de impedir que nazca un pueblo y un liderato con un carácter equilibrado y libre de «cizaña» en su pasado. Él sabe muy bien que, mientras haya un pueblo que viva por los principios del reino de Dios, su reinado está destinado a desaparecer.

La manera en que el diablo trabaja para impedir el desarrollo de un pueblo semejante es, precisamente, haciendo lo que este enemigo hizo. Él vino mientras los hombres dormían. El estado del sueño enajena de la realidad y no permite estar alerta a las cosas que están alrededor. Justamente esa es la condición de muchos padres que, al desconocer el efecto de sus acciones o de la falta de acción en la vida de sus hijos, los exponen a la cizaña del enemigo. No hay duda alguna de que nuestros padres o encargados desean lo mejor para nuestras vidas, y la realidad es que ellos no nos pueden dar más de lo que recibieron. Si sus padres crecieron con crítica y abuso, puede estar seguro de que su relación con ellos se verá matizada por esas características.

Nuestro adversario sigue tratando de impedir que nazca un pueblo y un liderato con un carácter equilibrado y libre de «cizaña» en su pasado.

Mis padres han cambiado tanto que no puedo más que darle gracias al Señor por haberlos tenido como ejemplo de superación y misericordia. Lo que voy a compartir a continuación son los comienzos de un largo proceso de transformación y cambio en una familia que ha vivido bendición y restauración, a tal punto que, hoy día, no son ni la sombra de lo que fueron antes.

Mi historia, al igual que la de muchos de los que han crecido con cizaña en sus corazones, es una considerada «normal», dentro de nuestra sociedad. Mis padres se desarrollan en el seno de familias consideradas «buenas» y participantes de la vida cristiana. Mis dos abuelos fueron fundadores de iglesias dentro de los Discípulos de

Cristo, que consta de muchas y variadas congregaciones en mi país. Mi abuela, por parte de madre, fue presidenta internacional de las mujeres Discípulos de Cristo, hace ya muchos años. Mi papá era el penúltimo de un montón de hermanos que eran llevados diariamente a la iglesia. Mi abuelo paterno era de esos hombres que rígidamente dirigían una familia con mano de hierro. Desgraciadamente, mi padre no desarrolló una relación sana con su papá y, según él mismo me relata, no bien hubo alcanzado la adultez, se desligó emocionalmente de la iglesia, pues por muchos años había sido un lugar de opresión, en vez de un punto de encuentro con Jesús. Mi mamá, por otro lado, tenía una admiración grandísima por sus padres y dedicó su juventud a servir a Cristo con ahínco.

Mis padres se conocieron en el contexto de la iglesia y formalizaron su relación. La verdad, no me puedo quejar de mi infancia. Fui el primer nieto por parte de mi madre y; aunque era uno más, entre muchos, por la de mi padre, mi abuelita paterna siempre me hizo sentir especial. Esos primeros seis años fueron una delicia que viví, entre fiestas de Navidad, rodeado de muchos primos y tíos, salidas a pasear por nuestros campos, juegos infantiles, canciones, historias y cuentos de hadas en el regazo de la tía Elizabeth, juegos de dominó con el abuelo; en fin, toda una gama de hermosas y muy necesarias experiencias con mi familia cercana.

El primer encuentro que tuve con la muerte fue a los seis años, cuando perdimos a don Carlos Maldonado, el papá de mi madre. En mi recuerdo, puedo distinguir, entre penumbras y hasta de una manera borrosa, la silueta corpulenta de mi abuelo acostado en su féretro. Su rostro tenía una expresión apacible, pues era un hombre de Dios que vivió apasionado por Jesús. Él era el mediador en los conflictos familiares, un hombre que la comunidad lloró por su ejemplo y entrega a los demás. Abuelito era de esos filósofos contemporáneos, un hombre sin muchos estudios que, con pocas palabras, podía hacer comprender los misterios de Dios. En mi memoria lo veo un hombre alto, de constitución pesada, de esos trigueños que el sol ha mirado; sus rasgos finos, su pelo lacio y negrísimo le daban una apariencia siempre jovial. Recuerdo su voz de barítono, riéndose y llamándome por mi apodo, alzándome en peso, mientras me sentaba a su lado cuando jugaba dominó. Siendo mi abuelo una figura de autoridad tan fuerte, me afectó mucho perderlo en tan temprana época de mi vida. Volqué mi afecto hacia mi papá, tremendamente, buscando conciliar ambos estilos de liderato, pues él era un hombre sencillo y de pocas palabras. Hoy comprendo que yo buscaba con desesperación un mentor que me hiciera sentir seguro dentro de todas las interrogantes que surgen en la mente de un niño, especialmente, respecto de la muerte.

Nuestra vida familiar era de aparente normalidad, dentro de la sociedad en que vivíamos. Nuestros padres trabajaban ambos fuera del hogar, mi padre era un técnico de control de calidad y mi madre era maestra de escuela. Soy el mayor de tres varones que nos llevamos un año de diferencia; como todos los hermanos casi de la misma edad, peleábamos y nos queríamos muchísimo. En ese entonces, éramos unos muchachos inquietos, pero con un potencial inmenso de progresar. Teníamos excelentes calificaciones en la escuela y éramos sumamente activos en nuestra vida social. Entre vecinos, amigos, bicicletas, juguetes, juegos de básquet y béisbol, nuestra temprana adolescencia transcurría normalmente, hasta que el sueño venció los ojos de mis guardianes.

El matrimonio de mis padres era uno de esos que la gente toma de ejemplo cuando van por la calle y lo señalan diciendo: «¡Qué linda se ve esa parejita!» —se voltean a sus hijos y les dicen: «¡Cuando tengas un novio o novia, quiero que sean así como ellos!». La verdad es que por fuera todo lucía muy bien. Como hijo, nunca podré decir que los vi peleando o discutiendo acaloradamente, salvo las peleas «comunes» de matrimonios: «¿Dónde están las llaves?, ¡te olvidaste de pagar esto!, ¡aquello quedó aquello abierto!, y así sucesivamente». Sin embargo, entre ellos, a puerta cerrada, había un huracán de desacuerdos y distanciamientos que los estaba carcomiendo.

Mi padre, en ese entonces, un hombre alejado de Dios, se entregó en los brazos de sus pasiones y de su falta de madurez y de carácter, envolviéndose afectivamente en otras relaciones fuera del matrimonio. A todas luces, en una sociedad latina en donde el machismo impera, esa eventualidad no es algo tan extraño. Es más, a veces hasta es de esperar; pero en una familia de fuertes convicciones cristianas, es una debacle de principios y una conmoción de prioridades.

Un sábado en la mañana, mi mamá nos pidió hablar con los tres, y esa reunión marcó el comienzo de un descenso en espiral de nuestras convicciones y creencias. Teníamos alrededor de doce, once y diez años, respectivamente. Era una mañana calurosa; nuestro cuarto, a medio ordenar; ya habíamos desayunado; estábamos, como quien dice, listos para salir a correr en bicicleta, inquietos y activos como siempre. Nos sentamos los tres, curiosos y nerviosos, uno al lado del otro, en la cama inferior de nuestra litera, viendo a nuestra mamá muy perturbada, aunque tratando de contenerse. Estuvo como un minuto en silencio, nos miró fijamente, y con voz entrecortada, pero de alguna manera firme, nos dijo: «De hoy en adelante, papi no va a estar más con nosotros; nos vamos a divorciar». Luego, procedió a tratar de explicarnos cómo las situaciones entre adultos llevan a cosas como esas, que nosotros no lo podíamos entender ahora, pero que lo entenderíamos después; que él nunca dejaría de ser nuestro papá y tantas otras cosas que, al menos yo, oía como un eco a la distancia. Mi mente estaba muy lejos, preguntándome por qué no podía mi padre tener la valentía de tratar de hablarnos de esas cosas, qué habría de malo en mí que no podía hacer que él renunciara a dejarnos; por qué no estaba allí, al menos, para tratar de consolarnos; me preguntaba si sabría lo que esto nos estaba doliendo...

Los próximos días se convirtieron en un torbellino de preguntas sin respuesta y de acaloradas discusiones en nuestra presencia. Cada uno de nosotros tres tuvo una reacción diferente a esta noticia. Mi hermano Tito se encerró en sí mismo y se refugió en la lectura y en la música; mi hermano Ricky se rodeó de amigos y de actividades; y yo, por mi parte, me dediqué a lamentarme y sentir pena por mí mismo.

De una manera violenta, el espectáculo que nunca habíamos tenido de ver a nuestros padres discutir intensamente, se reveló ante nuestros ojos como una sombra, enturbiando el hermoso pasado lleno de recuerdos armoniosos de nuestra familia. Las discusiones y los reproches se hacían cada vez mayores. Mi padre ansiaba «su libertad» para rehacer su vida sentimental, y mi madre se amargó la existencia odiando a quien había «roto» su matrimonio. Es en medio de esta situación que se juntan muchos factores que yo he llamado la semilla de mentira en mi vida.

Durante ese período de inestabilidad emocional, en donde mis padres tenían una relación de odio-amor inexplicable, mi madre, sin encontrar consuelo dentro de su iglesia y desalentada por la falta de ministros íntegros que no la vieran como un objeto, decide abandonar sus creencias y costumbres cristianas, dedicándose a complacerse a sí misma y entregándose a una vida desordenada y sin temor de Dios. En sus muchas noches de soledad, se acercaba a mí, un niño apenas, y trataba de hacerme entender cómo se sentía, volcando en mi inexperta e inmadura mente su carga de mujer rechazada y abandonada. Comencé a identificarme con su dolor y, al haber una separación tan grande del padre que yo amaba y pedía a gritos, empezó a desarrollarse en mí una confusión de identidad que me hizo muy vulnerable e inseguro.

Estas características de los niños que están desprovistos de un modelo de padre que los ame incondicionalmente son fácilmente reconocibles por los depredadores sexuales. Estos son hombres o mujeres que, en su mayoría, habiendo sido abusados de muchas maneras, se convierten en abusadores. Caí en manos de uno de ellos, justo cuando más dolido, confundido, traicionado y miserable me sentía. Un familiar, que, en lugar de haber sido alguien que me hubiese protegido o, al menos, cubierto con aceptación y amor, me ofreció un calor perverso, egoísta y enfermo que envenenó mi mente y mi alma, produciendo en mí unos deseos lascivos y en contra del diseño divino de Dios.

Estas características de los niños que están desprovistos de un modelo de padre que los ame incondicionalmente son fácilmente reconocibles por los depredadores sexuales.

Cuando un niño se expone a este tipo de intimidad distorsionada, ocurren varias cosas que establecen un patrón en su vida. Lo primero es que se siente el foco de atención en la vida de este hombre, aunque sea por unos minutos; y, por lo tanto, asocia el toque sexual con la aceptación total. Lo segundo es que, siendo una etapa en donde se está despertando a unas sensaciones físicas y hormonales diferentes, la respuesta emocional toma connotaciones sexuales y se establece una preferencia por este tipo de relación. Está comprobado que la primera experiencia sexual del individuo determina, en gran manera, su percepción de sí mismo.

Recientemente, escuché unas conferencias del Dr. Laaser, en las que se ha descubierto que hay unas sustancias químicas producidas por el cerebro durante la excitación sexual, sumamente adictivas, llamadas endorfinas. Por lo tanto, usted puede combinar la impresión de esa experiencia con el tremendo sentimiento de soledad que se experimenta al sentirse tan desprovisto de afecto, y tendremos por resultado gente propensa a la adicción sexual.

Los varones necesitan sentir que pueden competir con papá por el afecto de mamá y, a la vez, sentirse admirados y respetados por él. Cuando eso falta en la vida de un niño, este se siente inadecuado para sobrevivir en la sociedad e incapaz de ser quien es, por-

> Está comprobado que la primera experiencia sexual del individuo determina, en gran manera, su percepción de sí mismo.

que percibe que el hombre más importante de su vida no se interesa por él ni lo ama, sin importar las circunstancias.

Habiéndome criado en una sociedad latina, machista por demás, el manifestar un tipo de confusión como esa era algo intolerable en la familia. Mis tíos por parte de madre, a pesar de haberse educado en un hogar con un ejemplo cristiano, eran sumamente intolerantes y crueles con ese estilo de vida; y su manera de demostrar su repulsión por esa conducta era la mofa y la ridiculización. Imágenes como esas se quedaron plasmadas en mi mente infantil, y desarrollé un miedo espantoso de ser descubierto. Como dice un buen amigo mío y psicólogo clínico, el Dr. Rubén Arroyo: «La gente vive con el deseo de ser aceptada, pero con el terror de ser descubierta». Precisamente, esa represión familiar y social llevó a enterrar esa semilla aún más hondo dentro de mi conciencia, sin saber que, como toda semilla, en su momento iba a germinar.

PUNTOS DE REFLEXIÓN:

❖ ¿En qué sentido podemos decir que nos hemos dormido en el tiempo de estar vigilando nuestros hijos?

❖ ¿Cómo se puede involucrar la iglesia en el ministerio a niños que sufren el divorcio de sus padres?

❖ ¿Qué estamos haciendo o qué no estamos haciendo como padres que podría poner en peligro la salud emocional o sexual de nuestros hijos?

❖ ¿En qué manera la iglesia puede convertirse en un punto de opresión, en lugar de promover un encuentro con Jesús?

❖ El divorcio es un mal, al cual la Iglesia se está acostumbrando cada día más. Siendo hijos de Dios, ¿cómo debemos tratar las familias que están atravesando esta crisis?

PUNTOS DE INTERÉS:

❖ Recomendaciones a madres preocupadas por el efecto del divorcio en sus hijos varones:

a. Procure que haya una figura masculina *emocionalmente saludable,* con la cual su niño pueda compartir, sea un tío, primo o amigo creyente.

b. Involúcrelo en actividades que lo desafíen en su nivel físico e intelectual, donde hayan otros varones que amen a Dios.

c. Por mala que haya sido su relación con su padre, NUNCA le falte el respeto o hable mal de él como hombre. Esto daña marcadamente la imagen del niño con relación de lo que es un padre.

d. Anímelo con palabras de aliento que afirmen lo bien que se ve o compárelo positivamente con su padre o con la figura paterna más cercana a él. Esto le da un sentido de apego a la figura varonil.

e. Aprenda a mantener una distancia sana entre sus conflictos personales como mujer y su rol de mamá. NO involucre al niño en sus contiendas matrimoniales ni mucho menos lo use como «paño de lágrimas».

f. Desarrolle barreras o fronteras físicas con su hijo varón. NO le permita verla desnuda después de la edad de cinco o seis años. La familiaridad con la desnudez femenina, después de esa edad, tiende a crear una comodidad que anula el «misterio» de la mujer. Ese misterio, más adelante, se puede muy bien convertir en una sana curiosidad que puede llevar luego a la atracción natural.

❖ Formas en que los padres pueden ministrar a los niños, ante la muerte de un ser querido:

a. Mantenga un acercamiento físico con su niña o niño, especialmente los padres del mismo sexo.

b. Busque un libro ilustrado que hable de los procesos de la muerte y separación, con la esperanza de vida eterna en Cristo; los niños abrazan mejor los conceptos abstractos por medio de imágenes.

c. No le reprima el llanto.

d. Abrace al niño o la niña mientras llora.

e. Asegúrese de que ora con él antes de acostarse; lo más probable es que tenga pesadillas en esos días.

CÓMO AYUDAR A ALGUIEN A QUIEN AMO:

❖ Si usted, siendo casado o casada, ve a un familiar suyo pasando por divorcio o a un hermano o hermana de la congregación luchando con sus hijos, en medio de esa crisis, ¡involúcrese!

a. Ofrézcale cuidar sus hijos, una o dos veces al mes.

b. Si usted tiene hijos, motívelos a amistarse con estos niños para sobrellevar su pesar.

c. En encuentros casuales, como salidas al campo o a paseos al aire libre, anímelos a hablar de cómo se sienten; muchas veces, ellos reprimen sus emociones o no saben cómo expresarlas.

d. Minístrele a su identidad, reforzando el futuro que Dios tiene para ellos y hable palabras de bendición sobre ellos de continuo; por ejemplo: «La verdad es que te estás convirtiendo en un hombre que Dios va a usar poderosamente» o «Tú vas a lograr cosas que otros no han podido porque el Señor está contigo».

❖ Maneras de detectar cuando un niño puede estar experimentando abuso:

■ Muestra cambios drásticos en conducta o en desempeño escolar.

■ Sus padres no han suplido ayuda luego de mencionarles alguna necesidad física o médica.

■ Tiene problemas de aprendizaje o falta de concentración, que no se puede atribuir a algo fisiológico.

- Siempre está alerta, como preparándose para que algo malo acontezca.
- Carece de supervisión de un adulto.
- Es sumamente complaciente, pasivo o distraído.
- Llega a la escuela u otras actividades temprano. Se queda hasta tarde y no quiere regresar a casa.

En casos más extremos:

- Muestra dificultad caminando o sentándose.
- De repente, rehúsa cambiarse en el vestidor o participar de actividades físicas.
- Reporta pesadillas o moja la cama en las noches.
- Experimenta un cambio súbito en su apetito.
- Demuestra un extraño, sofisticado o poco usual conocimiento sexual.
- Huye de la casa.
- Reporta algún abuso de parte de padre o encargado.

Capítulo dos

Enredarse en la mentira

«¡Ay de los hijos que se apartan, dice Jehová, para tomar consejo,
y no de mí; para cobijarse con cubierta, y no de mi espíritu,
añadiendo pecado a pecado!»
—Isaías 30:1

¿Recuerda cuando era joven (bueno, los que se puedan dar el lujo de acordarse) y sus padres le daban un consejo? Los viejos (padres) podían decirle las palabras más sabias, y siempre pesaba más lo que decían otros... ¡aunque fueran las mismas cosas! Esa es una tendencia general que tienen casi todos los jóvenes hacia sus padres. Un gran amigo, el pastor Rey Matos, en su libro *Señor, que mis hijos te amen*, describe cómo nosotros los padres, por no ser consistentes en aconsejar y ganarnos el respeto de nuestros hijos, perdemos la autoridad y su admiración, llevándolos a esta actitud. Lo interesante es que muchos adultos nos comportamos así, también con Dios.

La inmensa mayoría de nosotros hemos aprendido a diferenciar el bien del mal, pero ¡cuánto nos cuesta aplicarlo a nuestra vida!

Especialmente, cuando no tenemos una cubierta emocional y, aún más, una base de identidad. En nuestro desespero por encontrar sentido a la vida, vamos experimentando con sensaciones y relaciones hasta, muchas veces, chocar con nuestros propios desaciertos. En el capítulo anterior, comentaba cómo la ruptura del matrimonio de mis padres convirtió mi mente en terreno fértil para la mentira. Si bien la experiencia de ser «molestado» sexualmente a temprana edad provocó una tendencia a repetir la situación, del mismo modo ya el Señor se había propuesto escoger mi vida para ser de bendición a mi tierra.

En días recientes, invité un matrimonio de mi iglesia a casa a compartir una cena, y descubrimos que el esposo de esta pareja y yo recibimos ambos a Jesús en la misma iglesia y durante la misma campaña, con el evangelista Nicky Cruz. En ese entonces, contaba con doce años de edad y recuerdo que en el llamado a arrepentimiento le dije a mi mamá que quería pasar, y mis hermanos me siguieron. ¡Recibimos a Jesús los tres el mismo día! En mi mente de niño, eso fue un choque tremendo con el mundo espiritual. Me gustaba la iglesia y sus actividades, pero nunca había percibido a Cristo Jesús como una persona viva en mí. La realidad es que mis padres tenían una muy buena religión, pero no habían sido impactados por el Maestro; por lo tanto, no podían aún darme ejemplo de una vida de dependencia de Dios.

Luego de esa entrega a Cristo, surgieron en mí mayores inquietudes de ser un buen cristiano. Me envolví, junto con mi mamá, en la música de la Iglesia y formé parte de agrupaciones y de coros. Esto me dio un gran sentido de pertenencia; además, la música siempre fue mi pasión. Sin embargo, las cosas en casa estaban por explotar. Luego de aquel fatídico sábado en la mañana, mi visión cambió radicalmente. Había hecho un compromiso reciente de bautizarme y, efectivamente, lo llevé a cabo, bajo un gran estrés emocional y espiritual.

Durante esos primeros meses de separación de mis padres, mi papá, en su afán de rehacer su vida, se distanció emocionalmente de nosotros; y yo resentía aquella frialdad y aparente desapego. Es curioso que esa fuera una época en la que mi papá nos abrazaba y nos besaba mucho; sin embargo, yo no me sentía amado. Hoy, sé que fue muy doloroso para él, pero en ese entonces lo culpaba de habernos abandonado; y él, a su vez, en su ignorancia, se tornaba duro e intransigente conmigo.

> Muchos hubiésemos deseado que nuestro padre nos hubiera tratado diferente.

Desarrollé una condición en mi espina dorsal que fue descubierta a raíz de un accidente, mientras limpiaba un camión en el fuerte de la reserva de la Guardia Nacional, a la cual mi padre pertenecía. Me diagnosticaron escoliosis severa: un trastorno del crecimiento de la espina dorsal para el cual, en aquel entonces, en mi país, no había tratamiento quirúrgico. Uno de los recuerdos tristes de mi infancia fue que, mucho antes de habérseme diagnosticado ese problema, mi papá me obligó a caminar por la casa dando pasos «de hombre» porque decía que yo parecía una señorita, caminando (obviamente, ignorando el hecho de mi padecimiento físico). Ahora comprendo que él, en su deseo de evitarme el dolor de ser burlado, asumió una postura rígida; pero, repito, en su ignorancia, lo hizo motivado por amor, para protegerme de alguna herida futura.

Hay hijos que culpan a sus padres por sus problemas y muchas veces reclaman que no los amaron; pero, en ocasiones, el mero hecho haber sido un buen proveedor, fue una muestra de amor. Muchos hubiésemos deseado que nuestro padre nos hubiera tratado diferente, pero recuerde que le impartió a usted lo que le fue impartido a él.

Durante esos primeros dos años de adaptación a la vida de una familia divorciada, mis padres observaron cómo nos íbamos deteriorando en nuestro desempeño escolar y familiar. En su deseo de auxiliarnos, especialmente a mí, me llevaron a un psicólogo para ayudarme a lidiar con la situación. Los sicólogos son personas muy bien preparadas para ayudarnos a ver cosas que nosotros, por estar en medio de la crisis, no podemos ver; pero, siendo un niño tan sagaz, me las arreglé para ocultar mis temores y traté con él las cosas que quise. El psicólogo no me pudo ayudar a sanar; hacía falta algo más que mero conocimiento, hacía falta el poder de Dios.

En mis años de adolescencia, se selló aún más fuerte la confusión de identidad y la susceptibilidad a experimentar con la homosexualidad. Tuve varias experiencias que me marcaron seriamente, especialmente con adultos. Uno de ellos era el padre de uno de mis amigos de la vecindad. Era un líder cívico y alguien que estaba en posición de ser un modelo para mí. El diablo usa estas experiencias para alimentar la mentira.

Cuando un joven o niño tiene relaciones inadecuadas de ese tipo con adultos, la figura del hombre se distorsiona de tal manera que la «víctima», en su yo interno, no quiere llegar a la etapa adulta. Por eso, muchos de los que hemos participado de esa experiencia, durante años nos hemos visto a nosotros mismos como muchachos, mucho después de haber cumplido la edad madura. Es como si estuviéramos convencidos de que jamás podríamos ser hombres, por más que nos esforzáramos; por lo tanto, no podemos concebir vernos como «hombres».

Toda esa maraña de experiencias que van permeando la vida de un joven produce una serie de marcas que, como dije en el capítulo anterior, son una señal de aviso a los depredadores sexuales. También, en la vida social, el individuo se incapacita para desenvolverse, pues casi siempre se expone al ridículo y a la crítica, especialmente de sus

«pares» o de su propia generación. Enseguida, los apodos comienzan
a acumularse como tatuajes grotescos en nuestras frentes y espaldas,
y empiezan las maldiciones y profecías de nuestros compañeros y
familiares. Se vive en un continuo temor de ser descubierto y, a la vez,
se siente una morbosa compulsión de buscar la próxima experiencia,
para ver si, quizás, en la próxima, logramos mitigar esa sed, esa hambre y esa necesidad.

La masturbación, en muchos casos, llega a ser como una manifestación de esa sed continua y, a la vez, se convierte en un círculo vicioso que enreda y refuerza más el pensamiento desviado. Douglas Weiss,
en su libro *El sexo, los hombres y Dios*[1], expone la teoría de que hay tres
tipos diferentes de masturbación. La que él llama tipo A es la de aquellos individuos que sencillamente nunca se han masturbado. Parece
que es imposible que existan, pero los hay. El segundo tipo es la del
individuo que realiza el acto, pero es, simplemente, una descarga física que tiene su etapa en la adolescencia y que, una vez que se llega a
la adultez, es abandonada casi del todo. Cuando ocurre, se da de una
manera «conectada», en otras palabras, sin el uso de fantasías sexuales
ni estímulos pornográficos. El tipo C es la que muchos hombres experimentan cuando pasan por traumas de violencia sexual. Es en esta
categoría que se refuerzan patrones adictivos y de pecado.

Esa dualidad de deseos: la de satisfacernos de la manera que
hemos aprendido y la de ser aceptados produce, en muchos de nosotros, la habilidad de camuflarnos y disfrazar esos sentimientos. Algunos muy efectivamente podemos engañar a la mayoría, logrando vivir
una vida aparentemente normal. En el argot de los homosexuales, eso
es lo que se llama «estar o vivir en el closet». En otras palabras, disimula o guarda sus verdaderos sentimientos, detrás de una aparente
normalidad.

1 *El sexo, los hombres y Dios* (Lake Mary, Fl: Casa Creación, 2003), págs. 78-85.

Todos deseamos y necesitamos ser amados, aceptados y respetados por ser quienes somos. Cuando una persona, especialmente si está lidiando con un problema de homosexualidad o lesbianismo, se da cuenta de que sus más caros deseos no se pueden satisfacer legítimamente sin ser objeto de rechazo o crítica, asume dos posiciones básicas. Una es la de aprender a mantener una doble vida, la otra es la de exponerse públicamente. Ambas conllevan un dolor muy fuerte, como consecuencia de tratar de resolver el conflicto, sin ir al Diseñador de sus vidas.

> Todos deseamos y necesitamos ser amados, aceptados y respetados por ser quienes somos.

Recientemente, escuché decir a Sy Rogers que a Dios no le interesa darnos explicaciones de por qué las cosas pasan; sino, más bien, Él desea que, por causa de esas eventualidades, conozcamos más de Su carácter, de quién es Él. Cuando una persona asume la posición de esconderse, todo a su alrededor «coopera» para mantenerse más callado u oculto. Por lo general, en el afán de ser aceptados, nos convertimos en los «favoritos» de la maestra o del pastor. Nos tornamos trabajadores incansables y modelos de estudiantes o sumamente disciplinados o hasta desmedidamente espirituales. Todo esto se hace con el doble propósito de encontrar aceptación y, a la vez, tender una cortina de humo a nuestra «herida abierta».

Mi vida social adolescente se vio matizada de todas esas características y otras más. Cuando mi mamá decide alejarse por completo de la Iglesia y, por ende, de los caminos del Señor, el mensaje que quedó grabado en mi mente fue «la iglesia no es lugar para gente con estos problemas». Escogí la música para volcar mis emociones y mi creatividad. Me dediqué a estudiar la flauta, me propuse ser el mejor en mi escuela y lo logré. Además de eso, desde muy niño cantaba con mi madre, así que tenía nociones musicales y una voz para cantar. Estoy de acuerdo con un cantante puertorriqueño secular que dice: «Cualquiera canta, con solo usar la garganta y echar el alma a volar», pues cuando más quería echar el alma a volar era cuando mejor cantaba. Lo tremendo de todo era que en mi escuela yo era invisible a las muchachas, hasta que empecé a cantar. Había una banda de baile en la Escuela libre de Música a la que yo asistía, y un día me preguntaron si yo podía tratar de cantar una canción, pues alguien les fue con el chisme de que yo cantaba. Ensayé con el grupo, muerto de miedo, pero lo hice, y el director dijo: «Encontramos el cantante». La canción (la única que cantaba) se llamaba *Ausencia,* y aunque era una canción viejísima, fue todo un exitazo; por lo tanto, me llamaban Charlie Ausencia.

Dos cosas muy curiosas pasaron a partir de esa experiencia. La primera fue que las muchachas, en las escuelas que visitábamos, empezaban a gritar y a suspirar por el «cantante», y yo me sentía que era «la mamá de Tarzán». En otras palabras, me gustaba mucho ser alguien «deseado» por ellas. Esto me dio una esperanza de cambio, pues dentro de mí yo no deseaba sentir lo que sentía; por lo tanto, fue muy emocionante descubrir esa placentera atracción hacia las muchachas. Lo otro que sucedió es que los varones, algunos de los que se burlaban de mí a mis espaldas o me ignoraban, empezaron a mirarme con respeto y admiración, y hasta querían ser mis amigos.

Estas cosas trajeron, a su vez, algo que he visto suceder mucho, prácticamente, en todas las esferas: sociales, religiosas, laborales y organizativas. El individuo que, de repente, descubre que su don le da una posición convierte eso en su «identidad». Cuando eso es así, entonces, todo lo que atente contra ese don se convierte en una amenaza y, por lo tanto, defenderá con uñas y dientes esa «supuesta identidad».

Para el año 1979, se realizó un evento deportivo que reunió a muchos músicos de diferentes bandas escolares de todo el país. Durante esa época, yo andaba de novio con una dulce muchachita, por cierto ella era flautista también, y para mí era súper excitante formar parte del grupo (o «corillo» como se le conoce en mi país) de las parejitas. Teniendo tan poca información en mi vida de cómo tratar a una mujer, y contando con los peores maestros en ese momento como lo son los amigos de la misma edad, yo no tenía la más mínima idea de qué hacer con mi novia. Por supuesto, entre nosotros teníamos muchas demostraciones físicas y románticas de afecto, pues yo siempre he sido muy cariñoso; pero no sabía cómo comportarme ni qué expectativas tener de una relación. El final de ella fue tan doloroso para mí que casi me destrozó el corazón, al punto de pensar no volver a «amar» de esa manera. ¡Cuán lejos me hallaba de descubrir el verdadero amor, descrito en 1 de Corintios 13!

Cuando se cierra ese capítulo en mi vida, estoy entrando a la Universidad y allí todo un mundo nuevo de relaciones y expectativas me estaba esperando. En mi «formación» espiritual, mis «guías» me advirtieron que la Universidad era muy peligrosa porque hacía que la gente se tornara en contra de la fe cristiana. Ya estando tanto tiempo alejado de ese ambiente eclesiástico, poco me importaba lo que pudiese o no aprender de la Universidad; sin embargo, me acerqué muy cautelosamente al ambiente universitario. Ese fue un tiempo muy especial y confuso, pues fue la etapa cuando más desorientado estaba. Formé parte de un grupo de música de protesta, o sea de ideologías contrarias a lo establecido, como el gobierno, creencias religiosas, ideologías partidistas etc. etc. Como parte de la manifestación de mi rebeldía, me envolví en varias relaciones diferentes, tanto con hombres como con mujeres, pues siendo casi un adulto, aún no estaba definido hacia dónde iban mis afectos. Nunca contemplé la idea de revelar mi «inclinación sexual» y «salir del closet», porque dentro, muy dentro de mi corazón sabía que había un Dios que no patrocinaba esa manera de pensar. Por otro lado, tenía un terrible miedo de ser rechazado por la gente que amaba. Parte de la amplia gama de mi búsqueda de identidad se dirigió a la glorificación de la cultura. No hay duda de que hay una nobleza envuelta en el reconocimiento y la valorización de nuestras raíces como pueblo, pero lo cierto es que el abrazar la cultura como *el* medio para hallar identidad trae como consecuencia una intolerancia hacia otros que nos alejan de los valores y los principios eternos enseñados por Jesucristo.

> El abrazar la cultura como *el* medio para hallar identidad trae como consecuencia una intolerancia hacia otros que nos alejan de los valores y los principios eternos enseñados por Jesucristo.

En medio de todas esas experiencias nuevas para mí, algo insólito sucede. Mi mamá, siempre, desde que tengo uso de razón, ha sido una mujer muy determinada. Ella abrazó la responsabilidad de la familia y se dedicó a trabajar y a estudiar. Supo tener dos trabajos y aún así estudiar y encontrar tiempo para compartir con nosotros. Con su consistencia, logró comenzar los estudios universitarios en un grado de maestría, con concentración en Educación en Salud. Fue durante esos estudios que nuestra familia tomó un giro de ciento ochenta grados. Corría el año de 1980, y yo estaba ya en la universidad, cuando mi mamá decidió seguir estudios de post grado. Ella había sido el alma de la fiesta, usted sabe, de esas personas que cuando se ríen parece que veinte personas se están riendo a la vez. Ella tenía una risa contagiosa y un serio sentido del humor. Cada vez que comparto esta historia, digo que mi señora madre me enseñó la mayoría de los chistes profanos y las malas palabras que yo sabía. En la Universidad donde estudiaba, la llamaban la «Madre Superiora» porque ella empezaba siempre la broma y además de eso era la mayor del grupo. En esos años, era una mujer esbelta, muy hermosa, siempre maquillada, con su cabello rubio y vestida impecablemente juvenil. Un buen día, a la profesora de su clase se le ocurre la idea de hacer un ejercicio de relajamiento para ayudar a los estudiantes a calmarse un poco, debido a la ansiedad que se acumula en los exámenes finales. En este ejercicio dirigido, la profesora lleva a los estudiantes por un recorrido imaginario en barco a una isla en donde al llegar, a la entrada de una cueva un guardián les pide algo valioso a cambio, y él, a su vez, les entrega un tesoro. Como parte del ejercicio se debían apagar las luces, y en esa oscuridad de boca de lobo se oye el sollozo de alguien, como quien llora por la impresión de un golpe fuerte. Luces encendidas, miradas de incredulidad, bocas abiertas y comentarios de sorpresa por lo bajo; quien llora es la «Madre Superiora». Tan fuerte fue esa reacción en mi mamá que tuvo que salir a lavarse porque el maquillaje se le había rodado por la cara. Mientras ella fue a lavarse, la profesora comenzó a preguntar qué cosa significó el ejercicio para los alumnos. Muchos de los estudiantes comenzaron a decir que el barco eran los estudios, que el mar era el conocimiento, que la isla era la graduación, que el guardián era el decano, que el tesoro era el diploma y otras bobadas como esa. Cuando la «Madre Superiora» hace acto de presencia en el salón, se produce un silencio que anuncia que algo fuera de lo común iba a suceder. De pronto, los ojos de todos aquellos estudiantes estaban fijos en los ojos de aquella mujer que tanto los hacía reír en horas de recreo y que ahora estaban hinchados de tanto llorar. Mamá tendría una mirada, me imagino yo, idéntica a la que la mujer sorprendida en adulterio tenía cuando oyó de la boca de Jesús las palabras «Yo tampoco te acuso». Sin poder dar todavía crédito a lo que había vivido, comenzó a narrar su experiencia en el susodicho ejercicio: «Mi vida era ese barco —comenzó a decir— el mar embravecido fueron las experiencias que me arrastraron a esa isla, desierta por cierto. El guardián —continuó diciendo— era un ángel del Señor que me pidió algo valioso y yo le di mi persistencia. Finalmente, cuando se abrió el tesoro... —allí mismo imagino que hubo una pausa— era Jesucristo, con sus brazos extendidos, que me decía: ¡ven, Laura, que yo te amo tal como tú eres!».

En ese momento, mamá hizo su primera proclamación de fe, en varios años: «Salgo de este lugar a servirle a mi Dios», y así ha sido hasta hoy. Una mujer que supo reconocer la voz del Maestro y enseguida dejarlo todo e ir en pos de Él. Ella no fue reconciliada en una iglesia ni en una campaña evangelística ni en un culto religioso, sino en las mismas entrañas del lugar de su opresión. Cuando Dios tiene propósitos con una persona, Él se encarga de alcanzarlo, sin importar el lugar donde se encuentre. Ese fue el primero de muchos pasos que dimos todos para retornar a nuestro propósito y destino eterno.

> Cuando Dios tiene propósitos con una persona, Él se encarga de alcanzarlo, sin importar el lugar donde se encuentre.

PUNTOS DE REFLEXIÓN:

❖ Según un artículo de Enfoque a la Familia, el Centro Nacional para Niños en Pobreza en los Estados Unidos informó que un padre ausente pone a su hijo en aproximadamente cuatro veces más riesgo de necesitar tratamiento por problemas emocionales y de conducta. También, un padre ausente pone a su hijo en el doble del riesgo de salirse de la escuela o terminar en la cárcel.

❖ También, el Dr. James Dobson cuenta: «Hace algunos años, unos ejecutivos de una firma de tarjetas decidieron hacer algo especial para el día de las madres. Colocaron una mesa en una prisión federal, invitando a los confinados a que enviaran una tarjeta gratuitamente a sus madres, en el día de las madres. Las filas eran tan largas que tuvieron que mandar a buscar más tarjetas a la fábrica. Debido al éxito de esta actividad, decidieron hacer lo mismo para el día de los padres. Solo que nadie vino esa vez. Ni siquiera un prisionero sintió la necesidad de enviar una tarjeta ese día. Algunos ni tenían idea de quién era su padre».

❖ En muchísimas ocasiones, los jóvenes incurren en enjuiciar a sus padres por eventos que ocurrieron en su niñez, cuando, en realidad, fueron situaciones que se *interpretaron* de esa manera. Eso, en psicología, se llama *supuestos básicos*. Por ejemplo, un niño puede interpretar que el escaso afecto físico y las ausencias frecuentes de su papá son muestras de que no lo quiere, cuando, en realidad, el hecho de dedicarse a proveer para la casa responsablemente y procurar que nada les falte es una muestra de amor. Con el tiempo, se ha desarrollado una terapia llamada "reparentalización", mediante la cual el paciente reenfoca su percepción de sus padres, a la luz de su madurez, y procura mirarlos ahora como adulto.

❖ El modelado de una relación de pareja es vital para fijar un patrón de conducta en los hijos. Cómo el esposo trata a su esposa es una impresión que se graba en los corazones de aquellos. En futuras relaciones, nuestros hijos desearán reproducir la que hayamos modelado o tratarán a toda costa de no imitarla. La Biblia es clara en cuanto al tipo de relación que establece para los esposos: una de sujeción los unos a los otros. Si los hombres no honran a sus esposas ni las tratan con ternura delante de sus hijos, no pueden fijar un buen ejemplo en ellos. En su libro, *Restoring Sexual Identity*, Anne Paulk comparte una encuesta en la que entrevistó mujeres con orientación al lesbianismo y encontró que la inmensa mayoría de ellas habían visto un modelo de represión u opresión hacia su madre departe de su padre y, por ello, muchas asumieron el supuesto básico de que los hombres eran indeseables y no se podía confiar en ellos.

PUNTOS DE INTERÉS:

Una figura paterna bien establecida provee:

■ Seguridad
■ Identidad
■ Sentido de pertenencia
■ Estabilidad
■ Sentido de control

❖ En su libro *El sexo, los hombres y Dios*, Weiss hace mención de la masturbación y sus categorías. Si usted está siendo confrontado por el Espíritu Santo en cuanto a sus luchas con la homosexualidad o el lesbianismo, ¿qué papel entiende que juega esa conducta en usted? ¿La considera adictiva? ¿Le recuerda las ocasiones o experiencias o, más aún, imágenes pornográficas que ha visto en el pasado? ¿Con qué motivación llevaría a cabo esa conducta?

CÓMO AYUDAR A ALGUIEN A QUIEN AMO:

❖ Siendo un padre, ¿cómo puedo orientar a mis hijos en torno al tema de la masturbación? Como esposo, ¿cuánto le estoy compartiendo a mi esposa mis luchas con la tentación de masturbarme? ¿Tengo aún una mentalidad de que mi sexualidad me pertenece a mí o es de ambos?

❖ A menudo, se escucha la frase que dice que los hijos no vienen con un manual de instrucciones; y es cierto, pero Dios ha dado herramientas efectivas en el Cuerpo de Cristo, como por ejemplo, consejeros capacitados para instruir en esas áreas. Desarrolle con su pastor o líder consejero un adiestramiento para padres, con el fin de tocar temas de relaciones interpersonales y las diferentes crisis propias de las edades.

Capítulo tres

Parado frente a la puerta

«Él hará volver el corazón de los padres hacia los hijos,
y el corazón de los hijos hacia los padres, no sea que yo venga
y hiera la tierra con maldición.»

—Malaquías 4:6

El proverbista dijo una vez: «La mujer sabia edifica su casa», y esa verdad es como todas las verdades de Dios: inmutable y eterna. Mi mamá aprovechó su tiempo de reconciliación con su Señor y no dejó pasar ni una oportunidad para hacernos partícipes de su renovada fe y su amor por Jesús. Llegó un punto en que entre mis hermanos y yo le decíamos la «mata piojos», un refrán muy puertorriqueño, por su insistencia en testificarnos de sus vivencias.

Una palabra de consejo para los padres: *Si desea ver a sus hijos que están apartados servirle al Señor, siempre trátelos con dulzura y amor y sírvales con un espíritu afable y lleno de gozo.* Por cosas como esas, mi mamá nos ganó el corazón para escucharla.

Cuando Jesús se volvió a sentar en el trono de mi corazón, yo llevaba ya una trayectoria de relaciones y enredos sentimentales terribles. Mis años universitarios transcurrieron y, en mi afán de sentirme que pertenecía a algo o a alguien, fui de grupo en grupo y de relación en relación, tratando de establecer respuestas a mis interrogantes.

Mi mamá y yo teníamos una comunicación tan estrecha que compartíamos los mismos ideales políticos y filosóficos... hasta que vino el conflicto «entre Cristo y Che Guevara». Jesucristo se estableció de una manera tan fuerte en el corazón de mi mamá que, a pesar de que aún compartíamos mucho nuestras actividades, yo sentía un abismo de diferencia grande entre nosotros. Con esa dulce insistencia que la caracterizaba, por fin, en una ocasión, mi mamá me sacó un compromiso de asistir a un retiro en las montañas de Borinquen bella, por allá por Barranquitas, en el campamento Morton, en donde se iban a reunir los miembros de su iglesia.

Cuando pienso en lo que sucedió cuando decidí ir a ese campamento, tengo que llegar a la conclusión de que Dios tiene todas las cosas preordenadas. Para empezar, yo estaba tocando con un grupo de música de protesta el cual «predicaba» una filosofía de la supremacía del pensamiento humanista, alejado de la cultura cristiana.

En esos días en que se iba a llevar a cabo el retiro, yo estaba como todo joven de mi edad: sin un centavo y a pie. El director del grupo era un muchacho, al cual me unía una relación de varios años; no, que fuésemos amigazos de conocernos toda la vida, pero su mamá y la mía eran amigas íntimas, igual que lo habían sido nuestras abuelas. Yo hubiese querido tener esa misma relación con él, pero me resultaba un tanto «distante» por su manera de pensar tan elitista. Le comento a mi director sobre la invitación de mi mamá con un tono de «de lo que me salvé», debido a que estaba a pie para ir al retiro en Barranquitas, y él me contestó —yo sé dónde es, nos echaremos como una hora y media, pero yo te llevo. Se me desinfló el ánimo, pero como le había prometido a mi mamá que iría, me dispuse a ir.

La conversación que tuve con este hombre y su hermano durante el viaje fue muy singular.

—Conque vas para Morton —dijo él, con una voz de misterio.

—Sí —repliqué yo— ¿sabes de qué se trata?

—Pues claro, yo fui cristiano también. Lo primero que vas a notar es que ese campamento es en un campo remoto donde no hay por donde escapar. No hay transportación, sino hasta mucha distancia del sitio.

—¿Cómo que «escapar»? —dije con un tono de preocupación.

—Pues que esa gente te va a hacer una encerrona mental para manipularte y tienen ya todo preparado —me dijo con sarcasmo.

—Lo primero que ellos van a hacer —continuó— es que cuando tú llegues al lugar van a estar tomando café y chocolate y comiendo pan con mantequilla y queso.

—¿Y eso qué tiene que ver con todo? —dije yo sin entender.

—Ya verás —replicó él—, complacido por mi intriga.

—Luego van a sacar una guitarra y van a empezar a cantar canciones sobre el amor de Dios e inmediatamente se van a abrazar los unos a los otros con una cara de idiotas que se han sacado la lotería. Todo es parte del plan para persuadirte.

—¿Persuadirme de qué? —pregunté ya alarmado.

—Espérate... después de todo eso te van a meter en un salón y allí alguien te va a hablar de que a Cristo lo crucificaron, lo golpearon, lo escupieron y todo fue por tu culpa. Tú vas a empezar a llorar, te haces cristiano y te sacan el dinero de los diezmos y las ofrendas —dijo en una forma triunfal.

—Hazme caso, *brother*, yo estuve en esos retiros donde ayunaban y hasta la pasta de dientes nos la comíamos —dijo riéndose.

Para ese momento, yo estaba seriamente preocupado por mi salud mental. Pueden imaginarse mi expresión cuando llegamos y, efectivamente, era un campamento en un lugar oscuro y remoto, sin transportación. Mi supuesto amigo me dejó en aquel lugar y se fue inmediatamente. ¡No me van a creer lo que esa gente estaba comiendo justo cuando llegué al lugar! Sí... chocolate, café con pan, mantequilla y queso. Mi actitud por estar tan asustado era por demás hostil y poco sociable, me sentía examinado por todo el mundo. Cuando ellos sacaron la guitarra, yo quería meterme debajo de las mesas. Abracé a los que se me acercaron porque no me quedaba más remedio. Fue cuando nos llevaron al salón principal que yo me quería desaparecer y ya me imaginaba caminando por aquellos lugares oscuros, buscando algún tipo de transportación pública para mi casa.

La sorpresa de la noche fue descubrir que era mi mamá la que iba a dar la «charla» a los jóvenes. Yo di un muy poco disimulado suspiro de alivio, diciéndome a mí mismo: «Esta es la misma cantaleta que tengo en casa, pero con público. Yo sé todo lo que ella va a decir». Asimismo, me senté tranquilo, pues lo único que tenía que hacer era soportar más de lo mismo, pero en otro ambiente. Con lo que yo no contaba era con que mi Señor había preparado el escenario para que mamá diera el testimonio de cómo ella había venido a sus pies. Al escuchar la manera en que Jesucristo se le reveló y al ver sus lágrimas de convicción, no pude resistir el amor que se estaba manifestando en aquel lugar y lloré como nunca.

Lloré, al recordar la mujer fina de lenguaje de camionero que maldecía con rabia y amargura a la que le había robado su esposo, y mis ojos se abrieron para ver a esta otra criatura que bendecía y oraba, cantando a Dios en todo tiempo.

Vi la fuente de su alegría y su paz, y no pude negar más mi necesidad de perdón y la falta tan grande de Su presencia en mi vida. Me entregué a Jesucristo con todo lo que había dentro de mí. Confesé mis pecados a Él y supe que en el instante me había perdonado de TODO lo que había hecho. Cuando abrí mis ojos, no podía creer lo que veía. Los colores eran diferentes, los rostros, antes extraños e intimidantes, me invitaban a abrazarlos... mis sentidos se hicieron súper sensibles. Oía los cantos de los pajarillos y los grillos en la noche; a pesar de estar oscuro, ¡todo me parecía tan brillante! Lejos quedaban los reproches, las culpas y los enojos; todo era nuevo, ¡en verdad me había hecho una nueva criatura!

Para coronar ese magno acontecimiento, durante ese campamento invernal, conocí una chica que me cautivó por lo hermoso de sus ojos acaramelados. Cuando me fijé en ella, andaba de manos con un muchacho que vestía un traje muy elegante y parecía un pastor; supe después que era su novio. Para esa época, yo tenía una novia en la universidad, que a mi mamá no le gustaba nadita, y esta muchacha que vi en el retiro resultó ser hija de una amiga de mi madre en su juventud. Resulta que a la mamá de esta muchacha tampoco le agradaba el novio que tenía y las dos madres, muy astutamente, empezaron a tomar medidas para que nosotros nos pudiésemos «descubrir».

Nany, mi esposa, era de esas muchachas vivas que vivían rebeldes contra el «sistema», o sea, ¡mi pareja ideal! Pasábamos largas horas hablando por teléfono sobre nuestras inquietudes políticas, poemas y muchas otras cosas espirituales. Hicimos una amistad muy franca y abierta que me hacía sentir muy cómodo. Cuando empezamos a envolvernos románticamente, hicimos arreglos para dejar a nuestras respectivas parejas y nos dimos a la tarea de conocernos más profundamente y aventurar lo más que pudiéramos dentro de esta maravillosa relación en el Señor. Realizamos un viaje misionero a los Estados Unidos, nos envolvimos en un grupo musical donde cantábamos juntos, fuimos consejeros del campamento de jóvenes y, en fin, ministramos y compartimos muchos momentos gloriosos. Nany y yo desarrollamos un «lenguaje» muy nuestro y éramos vistos por muchos como una parejita ideal.

Los días siguientes a la experiencia de mi conversión fueron llenos de vivencias asombrosas. El mundo sobrenatural se abrió delante de mis ojos. Empecé escuchar la voz de Dios en todos lados. Antes esa voz era como un muy distante murmullo que yo llamaba mi «conciencia», pero ahora era una clara y fuerte voz que me guiaba. La iglesia donde mi mamá se congregaba era bastante tradicional. Tenía un coro que aún es excelente y fue una de las razones por las cuales, antes de recibir a Jesús, no me molestaba acompañarla a ella. Cuando bajamos de ese campamento, me topé con una diferencia de opiniones en cuanto a la percepción de las experiencias espirituales que vivimos allí. Unos decían: «ya se les pasará, están en su *primer amor*» y otros: «¡gloria a Dios!, ¡por fin se llenaron del Espíritu Santo!». Esa discrepancia de opiniones fue muy confusa en mis inicios como cristiano, y vi que era un asunto que era muy recurrente en la iglesia, en general. Sin embargo, mi mamá me ayudaba a mantener el fuego ardiendo. Día a día, la veía más identificada con su Señor, y eso me inspiraba mucho. Nunca olvidaremos cuando, en una ocasión, se nos ocurrió hacer un retiro en la sociedad de jóvenes, y me di a la tarea de buscar un lugar, pues el pastor nos iba a conseguir el recurso para ministrarnos. Hablé con mi papá para saber si podíamos hacerlo en su casa y dijo que estaba bien; que su esposa nos podía atender, mientras tanto. Dios tenía un maravilloso plan de restauración, pues no sabíamos ninguno de nosotros que mi madrastra se había convertido al evangelio por medio del ministerio radial del evangelista Yiye Ávila. Nuestro pastor nos sugirió a mi mamá para ser el recurso de ese día de retiro y todos dijimos «amén».

Cuando mi mamá entraba por la puerta de la casa de mi papá, ella contemplaba la hermosa decoración y los detalles de esa misma casa que sus manos habían contribuido a construir. Mi papá la tenía como una casa de revista y mi mamá comentó por lo bajo, casi sin darse cuenta de que estaba pensando en voz alta: «Pensar que yo me lastimé mis manos mezclando cemento en la construcción de esta casa».

Me asusté un poco al recordar los encontronazos, las maldiciones, los insultos y la ira que en los inicios de su divorcio mi mamá mostró en contra de mi madrastra. Sin embargo, ambas se saludaron cortésmente y mientras un grupo de alrededor de doce jóvenes estábamos preparándonos para un tiempo de oración y estudio de la Palabra, mi madrastra nos servía agasajos y refrescos. Transcurrió el tiempo de la reunión y, al final, algo asombroso sucedió.

Durante la despedida, nos tomamos todos de la mano y mi mamá le pidió a mi madrastra que entrara al círculo de oración. Mientras estaban aún orando, mi mamá se soltó de mi mano y pude sentir cuando se acercó a mi madrastra que estaba ya quebrantada delante de la presencia del Señor en aquel lugar.

—Iris —le dijo mi mamá— yo quiero aprovechar este momento porque el Espíritu Santo está en este lugar.

—Amén —musitó mi madrastra con su rostro inclinado.

—Iris —prosiguió mamá— delante del Espíritu Santo y de estos jóvenes yo te quiero pedir perdón por haberte herido y ofendido en el pasado.

Cayó un silencio repentino; no más «amenes», no más suspiros, no más palabras... y de repente se oyó una voz temblorosa y conmovida hasta lo más profundo del alma.

—¡La que me tienes que perdonar eres tú! —exclamó mi madrastra e, inmediatamente, se abrazaron a llorar y orar una por la otra. Como un telón gigantesco, la presencia del Espíritu Santo nos envolvió y caímos de rodillas adorando a Jesucristo y dándole gracias por su intervención tan asombrosa. Hay un perdón sobrenatural que viene a la vida de aquellos que renuncian a la venganza y abrazan el carácter del Padre. Emocionalmente, ambas no sabían cómo reconciliarse, pero el Espíritu Santo sabía como preparar el camino para lograr su restauración. Una vez más, las palabras de Cristo se cumplen; lo que es imposible para el hombre para Dios es posible.

> Hay un perdón sobrenatural que viene a la vida de aquellos que renuncian a la venganza y abrazan el carácter del Padre.

Mi visión del perdón dio un cambio radical a partir de aquel día. No hago mención de este hecho entre mi madre y mi madrastra para meramente engrandecer el corazón de ambas. ¡Hay un principio poderoso en esto! Para empezar, tenemos que admitir que en nosotros mismos no hay una capacidad sincera ni pura para perdonar.

El principio del perdón comienza por ese reconocimiento. Nuestra naturaleza caída jamás nos podrá permitir llegar a ese estado de perdón. Tiene que entrar en escena el milagro de la regeneración en Cristo. Nuestro corazón es cambiado, soberanamente, por su poder, y entonces recibimos la iniciativa del Espíritu Santo para, por medio de la fe, tomar pasos para otorgar ese perdón o para pedirlo. Una vez que esa iniciativa es reconocida en nuestro corazón, nosotros entonces *colaboramos*, con esa «tentación» del Espíritu Santo para perdonar. De igual modo, de una manera soberana, el mismo Dios propicia encuentros y citas divinas para consumar ese maravilloso proceso de liberación. Digo liberación, porque la primera persona que se libera es aquella que da el perdón. En ese perdón que nosotros otorgamos está implícito que nosotros mismos hemos sido perdonados de una manera total.

Quisiera decir que mi papá, luego de ese episodio entre mi madre y mi madrastra, vino a los pies de Cristo y fuimos un poco más felices; pero no fue así; aún él permanecía aferrado a su estilo «tibio» de ser ante Dios. Como nuestro Señor sabe cómo convertir un corazón de piedra en uno de carne, a mi papá le tocó aprender de otra manera. En el reino de Dios, según aprendí del apóstol Luis López, las personas aprenden sólo de dos maneras: o por la Palabra, o sea, revelación; o por experiencia. Como dicen en Puerto Rico: «a cada lechón le llega su Navidad», y Papá tiene propósitos en el reino de Dios; por lo tanto, nuestro Señor se las arregló para que viniera a sus pies.

Mis primeras experiencias con la música cristiana las tuve con mis suegros, quienes, desde muy jóvenes, habían pertenecido a coros y agrupaciones de renombre. Ellos fueron los que me dieron un carácter ministerial y, mientras estaba «rondando» a su hermosa hija, aprovecharon para inculcarme los valores de un ministro. Mi suegra es una mujer que aún posee una preciosa voz de soprano, y su comunión con el Espíritu Santo me inspiró muchas veces a buscar más de Dios y anhelar los dones que ella desplegaba cuando ministraba.

Varios meses más tarde, mi hermano Tito, quien cursaba estudios en el Conservatorio de Música de Puerto Rico, me presentó un dinámico, soñador y atrevido joven hijo de un pastor metodista que estaba preparando una agrupación para tocar música cristiana. Conocí a Edwin Cotto, quien, en los próximos años se convirtió en uno de mis mejores amigos, justo cuando yo estaba empezando a estudiar piano. Me empecé a envolver con él y otros músicos en un ministerio que tenía por pasión predicar el evangelio a la juventud, usando la música contemporánea. En esa época, el ambiente musical para los jóvenes, prácticamente, no existía; y nosotros nos dimos a la tarea de «modernizar» un poco la música cristiana en nuestro país. Sentíamos muy fuerte el llamado de Dios de servir en esa área y dedicar nuestros talentos al Señor. Hicimos viajes, grabamos discos, predicábamos en las calles y, en fin, Dios usó mucho a Edwin para romper con los estereotipos de la música cristiana de aquella época, y sus influencias aún se dejan sentir en muchos lugares de Latinoamérica. Fue Edwin, a mi entender, quien comenzó en nuestro país un movimiento musical que provocó una ola de conciertos que se realizaban, prácticamente, todos los fines de semana. En mis inicios en la música cristiana, me dediqué solo a tocar y componer; pero, con el correr del tiempo, empecé a grabar mis propios discos como solista. Tuve una excelente agrupación de músicos que, gracias a Dios, pudimos elevar la calidad musical en nuestra época, dentro del campo en que servíamos.

Mis padres me apoyaban mucho en todo tiempo; sin embargo, el divorcio aún pesaba sobre nuestras emociones y corazones. En muchas ocasiones, la Iglesia se dedica a decir y establecer que uno es una nueva criatura y que el pasado no debe afectarnos ni desanimarnos en nuestro caminar de santidad y servicio. Hay mucho de verdad en ello, pero no podemos obviar el hecho de que hay heridas muy profundas que han sangrado por mucho tiempo y que, por lo tanto, van a tomar tiempo en sanar. Debemos aprender que es tan importante la meta como el camino que estamos andando.

Para el año de 1985, yo estaba recién casado; mi hermano menor estaba yéndose al ejército, y mi mamá había respondido a un llamado misionero para ir a Jamaica.

> Hay heridas muy profundas que han sangrado por mucho tiempo y que, por lo tanto, van a tomar tiempo en sanar.

Un día, recibí una escalofriante llamada telefónica, a eso de las diez de la noche:

—Charlie, ¿eres tú? —me habló una voz sumamente alterada y desesperada.

—Sí, ¿quién es? —respondí muy preocupado.

—Habla Misael, el hermano de la novia de tu hermano Tito —prosiguió como quien está huyendo de alguien— ¡por favor, ven a buscar a tu hermano! ¡Se ha vuelto completamente loco! ¡Trató de matar a mi mamá con un cuchillo!

—¿Qué? —dije, casi gritando— ¿es esto una broma de mal gusto?

—¡NO! ¡Por favor, ven ahora mismo! Lo tenemos sujeto entre varias personas, está muy violento —dijo llorando, y enseguida colgó.

Demás está decir que salí disparado, busqué a mis suegros y emprendimos un viaje de casi una hora con el corazón en la mano y orando todo el camino para que Dios nos diera sabiduría. Encontramos a mi hermano en la pequeña iglesia, cerca de la casa de sus suegros. Su rostro estaba desfigurado de una forma grotesca. A duras penas, tres hombres podían contenerlo; con todo, mi suegra logró suavemente persuadirlo de que entrara al carro; pero, tan pronto lo hizo, de una patada rompió el vidrio de una de las puertas. En ese momento, mi suegro salió disparado, y llegamos al dispensario médico más cercano. Allí lo pudieron medicar, y se tranquilizó al cabo de varias horas.

Pensamos que ese fue un incidente aislado, pero luego nos dimos cuenta de que era solo principio de dolores. Con el tiempo, los episodios fueron más y más severos. Todo esto trajo una confusión muy grande y un inmenso conflicto de fe a la familia. Mi hermano tenía todas las características de un endemoniado. Hablaba obscenidades, se contorsionaba, desvariaba con incoherencias referente a la Biblia y hablaba maldiciendo, lo que comúnmente denominamos blasfemia. Cerró su boca para no comer y los medicamentos que le daban para tranquilizarlo traían consigo efectos secundarios aún peores, pues lo sumían en un estado catatónico espantoso. Imagínese las preguntas que surgían en nuestras mentes: ¿Por qué él?, si era el que iba a estudiar para pastor, el más tranquilo, el más «indefenso», el más inteligente... ¿por qué? Descubrimos que Dios no se va a tomar la molestia de contestarnos por qué hace las cosas, pues el fin de todos los que amamos a Dios es que conozcamos más de Él, a través de las circunstancias. ¡Cuánto oímos escrituras como Romanos 8:28: «...todo obra para bien», el Salmo 23: «El Señor es mi pastor...», «...él no dejará que seamos probados más allá de lo que podamos resistir», y así sucesivamente! Sin embargo, yo sentía que todos los que me «consolaban» con esos versos, me daban una palmadita en la espalda y se regresaban a sus vidas «normales», mientras nosotros nos debatíamos entre la ira, la frustración, la impotencia y el dolor de no saber manejar a esta fiera salvaje. No obstante, en medio de ese torbellino de sentimientos, Dios tenía una maravillosa sorpresa.

Dios no se va a tomar la molestia de contestarnos por qué hace las cosas, pues el fin de todos los que amamos a Dios es que conozcamos más de Él, a través de las circunstancias.

Un día, cuando mi padre y yo regresábamos de llevar a mi hermano a su cita habitual, mi papá comenzó a llorar en su jeep. Vea el cuadro: Mi hermano, en la parte de atrás, hablando incoherencias, y yo boquiabierto, viendo a mi papá ahogarse en llanto.

—¡Ya no puedo más! —sollozaba entrecortadamente— ¡yo necesito a Dios en mi vida! No puedo seguir viendo a mi hijo destrozarse, y yo, sin poder hacer nada.

—Papi, ora conmigo —le dije, en un tono de evangelista pentecostal—, rededica tu vida a Jesús.

Mi padre hizo la oración y a partir de aquel día, renovó su relación con Dios, y nosotros ganamos un aliado en las filas del Espíritu. Pero eso fue solo el comienzo de otras sorpresas...

PUNTOS DE REFLEXIÓN:

❖ Estoy completamente convencido de que Dios, en su soberanía, ha permitido que este libro caiga en sus manos, y lo que voy a compartir a continuación puede cambiar radicalmente su vida y la de los que lo rodean. Es más provechoso el poder iniciar un proceso de perdón cuando hay un consejero competente y apto que nos asista en esa iniciativa del Espíritu. Cuando no hay un consejero disponible y el Espíritu Santo pone la urgencia de perdonar en nosotros, lo más sabio es tomar acción y seguir unos pasos sencillos, pero trascendentales, para comenzar esta travesía. Siempre, más adelante, es posible reunirse con el consejero para repasar estos puntos y consolidar lo que en la soledad hacemos para dar ese paso de fe. He aquí un ejemplo sencillo de lo que puede hacer

- Empiece por hacer una lista lo más exhaustiva posible de gente que usted entiende que lo ha herido.

- Organícela por orden de prioridad, poniendo primero a quien usted entiende que lo ha herido más, y así, sucesivamente.

- Vaya, uno por uno, haciendo la siguiente oración:

  «Espíritu Santo, en el nombre de Jesús, te pido que me des la fuerza para perdonar esta persona por _____ (sea específico). Yo entiendo que en mí no hay la capacidad para perdonar, pero tú que eres todo amor me puedes enseñar a hacerlo. Reconozco que jamás esta persona podrá devolverme lo que me ha quitado o herido por lo que me hizo. Por eso he decidido renunciar a que me pague y declaro que su deuda conmigo está saldada, en el nombre de Jesús. Del mismo modo que tú me perdonaste, yo otorgo la misericordia que me has dado para perdonarlo. Padre Santo, también, renuncio a traer a la memoria las cosas pasadas, pues tú estás haciendo en mí algo nuevo. Ahora, Señor, te pido que bendigas a esta persona y que pueda, de algún modo, llegar a conocerte y amarte. Gracias, Señor, en el nombre de Cristo Jesús he orado, amén».

■ Una vez que haya terminado de orar por cada uno de ellos, deshágase de esa lista, quemándola o tirándola donde jamás la pueda recobrar.

■ Comente con su pastor o consejero esta experiencia y cómo Dios le ha hablado en este particular. Verá que Dios, a través del consejo sabio, le dará una perspectiva más amplia de lo que ha hecho.

PUNTOS DE INTERÉS:

❖ En la búsqueda de la identidad que todos tenemos, llega el momento en que cuando entramos a la edad de la adolescencia necesitamos identificarnos con algo que nos dé valor y nos ayude en el ajuste de nuestra crisis de cambio de edad. Por eso, mucha juventud se torna a las modas de la época o al estilo de música que marca esta generación. Como padres, debemos prepararnos para afrontar esos cambios y entenderlos, primero, porque ¡nos pasó a nosotros también! Segundo, jamás debemos impresionarnos por los experimentos de nuestros hijos, siempre y cuando no atenten contra la imagen de Dios que Él ha puesto en su Palabra.

❖ Según algunos estudios hechos por médicos, se estima que un gran porcentaje de las enfermedades que se tratan en los hospitales son de origen psicosomático. En otras palabras, que la condición mental o emocional de la persona ha contribuido a originar o empeorar la condición de enfermedad del paciente. *Psique* significa mente y *soma*, cuerpo, de modo que la mente hace influencia sobre el cuerpo. El perdón ha sido clave y fundamental en la recuperación y sanidad de aquellos que se exponen a sus beneficios.

Cómo ayudar a alguien a quien amo:

❖ La Biblia habla de que «Él hace habitar a los desamparados en familia», lo cual nos lleva a entender que la Iglesia, en sí, es una familia unida por la fe en Cristo. Cuando un joven en tu congregación le sirve a Cristo y sus padres no son creyentes aún, hay varias cosas que podemos hacer para participar en el proceso de conquista de esa casa:

■ Involucrar esa vida en un sistema de apoyo que incluya un grupo de jóvenes creyentes.

■ Cerciorarse de que esta vida está participando de un programa de estudio de la Palabra, sea en grupos de estudio o en clases bíblicas.

■ Orar por él y *con* él por la situación.

■ Mantener una línea de comunicación abierta para atender sus necesidades.

❖ Si usted es un padre o madre de un adolescente que lucha con un conflicto de identidad, una buena manera de comenzar a desarrollar un puente de comunicación es evaluándose a usted mismo, en torno a sus relaciones con otros que lo han herido. ¿Cómo cree que su hijo o hija lo pueden evaluar, en cuanto a aquellos que lo han herido a usted, más aún, siendo de su familia? ¿Cómo se expresa de esa persona que lo ha herido? Medite en estas cosas y tome acción para perdonar en esas áreas.

❖ Si usted conoce a alguien que tiene un hijo o familiar que padezca de sus facultades mentales, que tenga algún problema de aprendizaje severo o algún defecto físico notable, entonces Dios le está dando la oportunidad de ser un apoyo y una bendición para una familia en crisis continua. Hay unos pasos sencillos de dar para ello y que, según Dios los ponga en su corazón, los puede poner en práctica para ministrarles a estas familias tan especiales:

■ **Primero:** No trate de minimizar el problema. ¡Llore con los que lloran! A veces, el querer hacer creer a la gente que su problema no es tan grave, lejos de ser de ayuda, los carga, haciéndoles pensar que la actitud que tienen no es la espiritual o la apropiada. ¡Tenga más misericordia, por favor!

■ **Segundo:** Lea e instrúyase sobre la condición que enfrentan. Se sorprenderá de ver que muchas de las conductas que muestran esos familiares especiales no son tan perturbadoras como parecen. No hay mayor prueba del amor que usted le puede brindar a esta familia que hacerles ver que se ha tomado el tiempo para adiestrarse en estos temas, con el fin de comprender y ayudar.

- **Tercero:** En tanto le sea posible, trate de aprender cómo cuidar de este familiar para que de alguna manera pueda darle espacio a estos padres o tutores para que puedan salir o respirar. Muchas veces, la continua opresión de trabajar con situaciones extenuantes frustra hasta al matrimonio más estable.

- **Cuarto:** Proponga compartir en familia con esta familia especial. Prepare a sus familiares o sus hijos para que comprendan, también, la condición que enfrenta esta familia y salgan un día de campo a pasear o a disfrutar su compañía.

- **Quinto:** Ría con ellos las ocurrencias de estos familiares especiales. No hay mejor humor que el que nace del amor.

Capítulo cuatro

En las garras del autoengaño

> «Hay camino que al hombre le parece derecho
> pero su fin es camino de muerte.»
> —Proverbios 14:12

Estoy convencido de que una de las actitudes más destructivas, dentro de las personas creyentes que confrontan luchas con la falta de carácter o con la crisis de identidad, es el espíritu de autoengaño. Nos llegamos a formar fantasías y quimeras que distorsionan la realidad, aun cuando la verdad de la Palabra contradice nuestras actitudes. Hay una condición neurológica que se denomina «arresto» emocional y que, según los estudiosos de este campo, ocurre cuando una experiencia traumática se vivencia en un momento en que el cerebro no tiene la capacidad de manejar o procesar esa información. De acuerdo con esta teoría, dicho arresto es como un momento «kodak» [de fotografía] que se congela en el tiempo y que, en instantes en que las situaciones son propicias, hace resurgir los mismos sentimientos y sensaciones de la experiencia pasada. De ser cierta esta teoría, en aquellos momentos en que algún estímulo del ambiente activa el arresto, dichas situaciones se vuelven a «vivir» y, muchas veces, lo que pretende la repetición es «resolver» el conflicto que se quedó inconcluso. Hay casos, en los que esta conducta no pasa de ser meramente un «soñar despierto», pero otros, que los lleva a una peligrosa y muy dañina pesadilla. Estoy casi seguro de que este fue el caso de mi hermano.

Tiempo atrás, estuve viendo la película "Una mente brillante" (A Beautiful Mind) —basada en la historia verídica de un científico— donde el protagonista sufre de unas terribles y muy vívidas alucinaciones. Recordé con mucha claridad las experiencias cuando mi hermano padecía de esos desvaríos en su percepción de la realidad. Mi padre, desesperado, lo llevó a una campaña de sanidad y liberación para que oraran por él. Lo llevaron a un cuarto aparte, y mientras varios hombres lo sujetaban, un supuesto ayudante del evangelista le "ministraba" gritando y abofeteándole, mientras vociferaba: "¡Fuera!". Cuando la gente vive en ignorancia sobre lo que afecta las vidas de otros, va a convertir lo hermoso de una ministración en una experiencia triste.

> Cuando la gente vive en ignorancia sobre lo que afecta las vidas de otros, va a convertir lo hermoso de una ministración en una experiencia triste.

Luego de eso, vi un especial del canal de ciencia sobre una rarísima condición neurológica, llamada «Síndrome de Tourette», en la cual, la persona afectada incurre en unos movimientos involuntarios del cuerpo y, a veces, grita, profiriendo obscenidades, además de otras conductas grotescas. Decía el reportaje que en la antigüedad se consideraba a estas personas «endemoniadas» y, por tanto, eran condenadas a un exilio o internadas en un manicomio. Personas muy inteligentes y con gran potencial fueron abandonadas y olvidadas porque a una sociedad le faltó conocimiento para poder entender y ver más allá de una conducta extraña. Esta condición es un desorden neurológico muy complejo que aísla a sus víctimas y las condena a un mundo de incomprensión, a no ser por sus padres y allegados que se toman la iniciativa de conocer y amar estos seres humanos.

Hubo una ocasión en la que tuvimos que llevar a mi hermano a la entonces Clínica Juliá en Puerto Rico. Ese día, estaba muy agresivo y, tristemente, tuvimos que llevarlo a aquel lúgubre lugar para dejarlo internado. Estoy escribiendo este fragmento de historia a treinta y tres mil pies de altura, en un avión, dirigiéndome a mi casa; ya han pasado varios años, y recordando este incidente aún me estremezco. Era muy tarde en la noche y para que pudieran admitir a mi hermano en esta clínica, conforme lo establecía la ley, necesitábamos que él firmara unos documentos. Tratamos de persuadirlo que lo hiciera de muchas maneras. Mientras estábamos en esa conversación, mi hermano maldecía y hablaba incoherencias sobre la Biblia y otras cosas espirituales. Uno de los enfermeros que estaba apostado a la puerta de la clínica nos dijo a mi padre y a mí: «Por eso es que no se puede leer la Biblia, porque uno se vuelve loco». Yo miré a mi padre que me devolvió una sonrisa forzada, pero, por dentro, ninguno sabía cómo contestar ese soberano disparate. Nosotros mismos estábamos viviendo una crisis de fe de gran magnitud.

Pasaron cinco tormentosos años, en los cuales mi hermano iba de institución en institución, hasta que dieron con un diagnóstico: «bipolar». Tan pronto los médicos llegaron a ese consenso, comenzaron a medicarlo tanto que a duras penas podía asearse por sí mismo.

A lo largo del camino, hombres y mujeres, muy buenos y dedicados lo atendieron, y el Señor se valió de muchos ángeles para protegerlo... hasta que llegó un ángel especial.

A pesar de haber pasado mucho tiempo entre hospitales y medicamentos, mi hermano nunca había perdido su «toque especial» en la guitarra clásica. Cuando lo visitábamos, hubo varias ocasiones en las que él tocaba himnos y piezas de música clásica para nosotros y para algunos de los pacientes de la clínica. Ya casi al cabo de los cinco años de su condición, un día fui a visitar a mi hermano y me dijo: «¿Ves esa linda enfermera que está en la recepción? Pues ella va a ser mi esposa». Sucede que mi querido hermano, además de tocar himnos para sus compañeros pacientes, al ver pasar a la linda enfermera le cantaba su cancioncita romántica también. Él estaba evangelizando dos veces, y yo no me percataba de que Dios estaba haciendo algo poderoso en su vida. Me miró otra vez a los ojos y con esa mirada que él tenía de «por favor, escúchame» me dijo: «Charlie, estoy sano». Al ver que yo no lo tomaba en serio, me tomó de la mano y me llevó al patio de la institución y allí me mostró el salmo que decía: «Este pobre clamó, y el Señor le oyó y lo libró de *todas* sus angustias» (Salmo 34:6 NVI, énfasis del autor). Luego, me dijo una vez más: «Charlie, estoy sano». Y yo le creí. Antes de un año estaba yo caminando por el pasillo del tribunal del mismo pueblo de donde era la clínica. Allí, mi hermano se casaba con aquella hermosa enfermera, la cual bendecimos todos los días porque fue el ángel que Dios envió para asistirlo en su sanidad.

Mientras todo esto estaba sucediendo con mi hermano, yo viví varios acontecimientos que cambiaron mi vida radicalmente. Uno de ellos fue el haberme involucrado con la música cristiana. Siendo estudiante del Conservatorio, mi entrenamiento musical estaba matizado por muchos pensamientos humanistas, los cuales adopté en mi incursión en el ministerio. Por ejemplo, en la universidad se me enseñó que "el aplauso es el alimento del artista" y, francamente, mientras más me fui involucrando en el "ambiente cristiano musical" me percaté de que el mismo pensamiento imperaba en el ambiente cristiano.

En mis comienzos ministeriales, mi suegra me inculcaba la importancia de la humildad en el carácter del ministro, y conforme fui conociendo hombres de Dios de influencia, se me fue reforzando ese principio. Pero esas enseñanzas se esfumaban en la medida en que más me involucraba con cantantes y artistas cristianos. Me percaté de que la supuesta humildad de algunos era más bien un mecanismo manipulador para otros fines; casi siempre hallar "gracia" y adquirir una posición o influencia que redundara en beneficios, en su mayoría, de índole económica. No sólo observé esa conducta, sino que también impunemente me hice partícipe de esa comedia seudo espiritual. Por pura gracia de Dios logré terminar unas grabaciones, que en su tiempo fueron revolucionarias en contenido y sonido, pero, ahora comprendo, fueron una oportunidad que el Señor me había dado para abrir puertas para su reino. Antes, no lo pude capitalizar pues estuve muy envuelto en adquirir reconocimiento e identidad de todo ello.

Un capítulo importante de mi vida en esa época fue cuando conocí a Marcos Witt. Este siervo de Dios, que muchos de nosotros conocemos, fue un instrumento clave para redirigir mi mirada a quien realmente merece todo el reconocimiento y la gloria: Jesucristo. Durante esa temporada de mi vida, entre 1989 y 1990, tuve la oportunidad de escuchar las enseñanzas de Marcos, Juan Carlos Alvarado, Danilo Montero, Chuy Olivares y tantos otros maestros de la Palabra que me desafiaban en mi integridad y en mi relación con el Creador. Comencé a experimentarla, profundamente, con el Dios que está sentado en el trono y me maravillé de la santidad y belleza que emanaba de su esplendor magnífico.

Confrontado por esas enseñanzas tan radicales, no pude menos que arrepentirme de mi falta de sinceridad y llorar mucho por la hipocresía de mi corazón al cantarle. Sencillamente, por primera vez, reconocí su lugar y el mío. Un temor reverente se fue apoderando de mí, y traté, con muchos esfuerzos, de hacer encajar mis emociones y ajustarlas a la nueva noción que tenía de este Dios santo.

Con el correr del tiempo, aunque tenía maravillosas experiencias sobrenaturales y veía a Dios hacer grandes cosas, yo retornaba a mi búsqueda de falsa intimidad con el hombre, lo cual ponía serias dudas en mí mismo acerca de mi salvación y de mi comunión con el Señor.

Ocurrieron varios episodios con hombres y mujeres, a través de los cuales rompía el pacto con la mujer de mi juventud. Es sorprendente la sensibilidad y la susceptibilidad que uno desarrolla cuando está viviendo una doble vida. Sensibilidad, porque de alguna manera puedes «sentir» la carga de la gente y, a la vez, identificar cuando alguien tiene una desviación en sus afectos. Susceptibilidad, porque cualquier depredador sexual puede aprovecharse de esa sed insaciable de aprobación y afirmación.

Un buen amigo, el apóstol Gary González, compartió una enseñanza poderosa sobre la identidad del creyente, en donde comparaba a Abram con Abraham. Uno era el padre enaltecido y el otro, padre de multitudes, y nos explicaba que en la búsqueda de identidad, en muchas ocasiones, preferimos el enaltecimiento en lugar del propósito de Dios. Anteponemos el enaltecimiento, aunque venga de Dios, al pacto en donde hay muerte y espera. ¡Eso es tan cierto con los músicos! Tenemos la estima a flor de piel. Nos ofendemos fácilmente porque sacamos nuestra estima de lo que hacemos mas no de lo que somos. Eso es parte del conflicto de falta de identidad que hay en el liderato de nuestras iglesias hoy día. Hay muchísimas manifestaciones pecaminosas de ella. Una es la rebeldía, otra es la hechicería o manipulación, otra puede ser el espíritu de control y las desviaciones sexuales. Es importante que recordemos que toda desviación proviene de una herida abierta y, como tal, tenemos que identificarla y sanarla.

En la búsqueda de identidad, en muchas ocasiones, preferimos el enaltecimiento en lugar del propósito de Dios.

Al principio, cuando recién llegué al Señor y comencé a batallar de nuevo con esos sentimientos homosexuales, recurrí a la sabiduría popular espiritual para saber cómo luchar. Obviamente, no hablaba explícitamente de lo que me acontecía, pero usaba el viejo truco de buscar ayuda para un amigo. Desde muy joven adopté la idea de que ser homosexual era el último pecado de la lista y, por eso, me cuidaba de no dar a conocer mis inclinaciones, a menos que fuera alguien que me interesaba o viceversa.

Cuando obtenía algún consejo, casi siempre venía acompañado de mucha oración y ayuno, «meterme con el Señor» (frase favorita que nunca me supieron definir), reprender al demonio y, en fin, abstenerme de la tentación. Muchas veces lo intenté con horas de oración, días de ayuno, lectura y estudio incesante de la Palabra de Dios, experiencias de liberación, aislamiento voluntario y así sucesivamente. Todas ellas muy edificantes para el espíritu, pero en nada podían con los apetitos de mi carne.

Por otro lado, los «testimonios» de los llamados «ex homosexuales» eran, más bien, una tragicomedia de la cual algunos ministros se mofaban (yo, inclusive), pues conservaban mucho de su modo de hablar y sus acciones afeminadas. Su comportamiento y proyección al hablar de esas cosas era, a mi entender, grotesca; y, para colmo de males, varios de ellos volvieron atrás, luego de sus «conversiones».

Deténgase un momento y observe el cuadro: «Atrapado dentro de la casa del pan y muriéndome de hambre». Rodeado de personas que ni tan siquiera sospechaban de mi doble vida y estaban admiradas por los dones que fluían de mí. Con un creciente respeto y reconocimiento por parte de mis «colegas», atemorizado por saber cómo se mofan de los que no entran en el estándar de vida «espiritual» latino y, sobre todo, con un terror de ser reprobado por Dios.

Mi caso particular era que luego de un episodio o aventura, caía en cuenta de la magnitud de mi pecado y entraba en un período de culpabilidad. En esos momentos, de alguna manera rompía con la codependencia emocional y pasaba un tiempo considerable en donde yo estaba tranquilo sin ser intervenido ni intervenir con nadie. Generalmente, eran los momentos más hermosos de mi vida y cuando más sensible estaba para escuchar la voz de Dios.

La codependencia emocional es uno de los factores más determinantes para el desarrollo y la propagación de la conducta homosexual. En términos generales, una codependencia está basada en la búsqueda de significado mediante la afirmación de otro. En esa relación, hay varios puntos relevantes, a los cuales tenemos que estar alertas. Por ejemplo, cuando la persona se convierte en el objeto central de su actividad y usted no quiere hacer nada sin que ella o él estén presentes, eso muy bien podría ser una codependencia. No estoy hablando del lugar que

> Una codependencia está basada en la búsqueda de significado mediante la afirmación de otro.

uno le da a su esposa o esposo, sino más bien a alguien que debería caer en la categoría de amigo. Llega al punto de acariciar la idea de que sólo con la presencia de este amigo o amiga especial puede subsistir en la vida.

Lo que sigue es un ejemplo de lo que bien pudiera ser el desarrollo de una relación codependiente:

Primero: La impresión inicial es la de admiración.

Segundo: Comienza a desarrollarse un lenguaje «especial». En otras palabras, nadie entiende las bromas y la comunicación que hay entre ambos. En esta etapa se empieza a soñar o a romantizar la relación.

Tercero: Los detalles exclusivos: mensajes en la grabadora, localizadores (o beepers), tarjetas y cartas, con un aire de intimidad poco común entre los amigos casuales; regalos sin motivo especial, etc.

Cuarto: La negación: «yo no estoy tan involucrado o pasando demasiado tiempo con Fulano» (especialmente, en el caso de matrimonios o noviazgo).

Quinto: Los acercamientos físicos: abrazos prolongados, miradas profundas, caricias románticas.

Sexto: Los celos y la manipulación. Se desarrolla una conversación de culpa e intimidación, haciendo ver que uno de ellos ama más que el otro y que, por tanto, debe acceder a sus demandas.

Séptimo: En algunos casos, la relación toma connotación sexual y se torna adictiva.

Esta sencilla cronología se repite en variadas formas y manifestaciones, en diferentes personas y circunstancias. No respeta posición ni conocimiento, edad ni grado de espiritualidad. En la búsqueda que yo tenía de respuestas, me seguía encontrando con más y más gente en la iglesia batallando con esos impulsos y perdiendo terreno ante el enemigo. Uno de esos encuentros lo tuve con un pastor, en quien, por un momento, pensé sería la persona que me ayudaría a sanar mi lucha con la homosexualidad. Me atrajo su manera de ser y su hablar del Señor. Comenzamos a compartir horas en el estudio de la Palabra, la oración y tiempo de familia juntos. Debo admitir que, desde el principio de nuestra amistad, iniciada en lo espiritual, hubo una codependencia emocional. Al cabo de varios meses, la verdadera naturaleza de tal estrecha relación comenzó a ser revelada: ambos compartíamos un pasado homosexual. El Dr. Rubén Arroyo dice que «el diablo te invita a pecar y después te deja solo».

Con el paso de los días, esta inofensiva amistad se transformó en una relación enferma que me consumía. Tiempo después, necesitaba un cambio radical y decidí salir de aquella trampa emocional.

En el proceso de sanidad que más tarde abracé, aprendí que debo conocer la verdad, y la verdad me hará libre. Eso suena muy espiritual y apropiado, pero la realidad es que muy pocos de nosotros entendemos que la verdad que necesitamos conocer para sanar es nuestra verdad subjetiva.

> Muy pocos de nosotros entendemos que la verdad que necesitamos conocer para sanar es nuestra verdad subjetiva.

Reconocí que, siempre que me envolvía en este tipo de relación, ocurrían varias cosas. En mi caso particular, por ejemplo, empezaban cuando a mi alrededor se daban circunstancias que me hacían sentir inseguro o solo. Otra cosa que siempre sucedía era que llegaba una temporada en que tenía un sentido de culpa tan grande que despertaba de mi letargo y quería, de repente, cortar con las relaciones.

Recorrí todos los detalles descritos por Lori Rentzel en su escrito sobre la codependencia, *Emotional Dependency*. De hecho, ese es uno de los libros más importantes para comenzar en este camino de restauración.

El engaño en el cual caemos los que estamos guiados por nuestro egoísmo y confusión sexual es tal que, a pesar de estar a punto de perderlo todo y arriesgar hasta la propia vida, continuamos viviendo en ese mundo de fantasía. Yo lo llamo «espíritu de autoengaño». Para mí, según Mateo 7:21-23, es el único espíritu que estará en operación, aun delante de la misma presencia del Cordero, en el día del juicio. Esta influencia del enemigo opera especialmente en los ministros que están en desobediencia, haciéndolos dudar de los métodos que usa el Espíritu Santo para trabajar con su Cuerpo.

Nada de lo que podamos edificar en el alma o en el cuerpo puede tener duración permanente. Según la Palabra de Dios, somos tres cosas: espíritu, alma y cuerpo. El orden realmente es así: somos un espíritu que tiene un alma y habita en un cuerpo.

Una vez que el Señor establece en una vida su señorío y regenera un corazón para salvación, la única forma de edificarla para acercarnos al patrón divino es a través de recursos espirituales,

> Nada de lo que podamos edificar en el alma o en el cuerpo puede tener duración permanente.

especialmente, su Palabra revelada. Por eso, aunque la oración y el ayuno son herramientas para acercarnos a Dios, no son, en sí mismas, fuente de revelación e iluminación que nutran un cambio para crecer en el Espíritu.

PUNTOS DE REFLEXIÓN:

❖ Hay una demanda de carácter en los llamados ministerios de música y esta es de doble perspectiva. Tanto la gente que consume o patrocina este mover de las artes como sus mismos exponentes son llamados a una actitud de transparencia. Esto se logra mediante el establecimiento de relaciones de pacto, en las cuales haya una apertura y una aceptación de ambas partes. Todo ministro puede y debe tener amigos que lo confronten en su integridad y en su moralidad. De esa manera, sobrelleva su carga con su hermano, como lo ordena la Palabra de Dios.

❖ Para todo aquel pastor o amigo que quiera ayudar a otro, especialmente, si es de su mismo sexo, hay unos consejos que le quiero dar:

■ Sea un buen confidente

  ✳ No ande diciéndole a otros que está ayudando a tal persona a restaurarse. No hay nada que rompa la confianza en un consejero como la falta de confidencialidad.

■ Siempre procure tener a su esposa o a alguien cercano a usted disponible y cerca, aunque no esté en la misma habitación.

  ✳ Esto pondrá unos límites saludables y demostrará que usted está en serio en esto de ayudar.

  ✳ Obviamente, haga siempre la salvedad de que su esposa estará con usted o, al menos, cerca de usted, para darle seriedad al asunto.

- Mantenga una distancia saludable en la comunicación e interacción.

  * Las personas codependientes son como adictos que procuran siempre tratar de acaparar la atención, pues el depender de otros es su manera de relacionarse.

  * Esté accesible hasta cierto punto. Usted tiene que mantener y establecer los límites cuando se trata de horas y tiempo de llamadas, agenda y duración de citas y, hasta cierto punto, áreas y temas de su vida personal que solo a usted le conciernen.

  * Mantenga su contacto físico al mínimo. Las personas codependientes tienden a aferrarse de cualquier pretexto para desarrollar este tipo de conducta. Su demostración de afecto puede ir progresando conforme su aconsejado/a vaya desarrollando carácter y demuestre una tolerancia madura.

- Siempre debe especificar claramente las metas de las consejerías:

  * Reestablecer, primeramente, una relación con Dios.

  * No se trata de restaurar la heterosexualidad, sino hacernos totalmente dependientes de Dios.

  * Ayudar al aconsejado/a a «despegarse» de la necesidad de depender de otros para sentirse feliz.

  * Las sesiones de consejería irán disminuyendo en frecuencia, conforme la persona demuestre una mayor dependencia de Dios y sus frutos asociados.

PUNTOS DE INTERÉS:

❖ La codependencia emocional tiene sus síntomas distintivos, que ya hemos descrito. Una persona con conflictos de identidad es más propensa a caer en una relación de codependencia emocional. Sin embargo, esto no sólo se circunscribe al área de las relaciones entre amigos del mismo sexo. Un matrimonio puede caer en este tipo de relación distorsionada, especialmente, cuando uno de los dos se anula o se limita en su desarrollo por no «herir» su pareja. Esta persona, posiblemente, al tener una autoestima baja, proyecta su «fragilidad» controlando sutilmente al otro, mediante comentarios, suspiros u otro tipo de lenguaje corporal.

CÓMO AYUDAR A ALGUIEN A QUIEN AMO:

❖ Para identificar y ayudar a alguien a salir de una codependencia emocional es importante hacernos unas preguntas:

- ¿Está esta persona mencionando al otro de continuo?

- ¿Siempre quiere incluir a la otra persona en sus propios planes y en los que tiene con otros?

- ¿Abandona deberes y responsabilidades hacia sus familiares cercanos por estar alrededor de esta otra persona?

- ¿Está notando usted algún tipo de lenguaje exclusivo, como bromas, frases, expresiones y tonos de voz entre estas personas, que excluyen a los demás oyentes?

■ ¿Ha observado algún tipo de toque o acercamiento físico que es inapropiado o que lo hace sentir incómodo, en especial, entre amigos que no son novios o esposos?

■ ¿Se pasa esta persona en continua comunicación con la otra, al punto de llamarla, tal vez, varias veces al día?

■ ¿Se rehúsa esta persona a hacer otras amistades por no «descuidar» a su amigo o amiga especial?

■ ¿Invierte un tiempo considerablemente largo en compañía de su amigo/a especial?

■ Cuando no puede estar junto a este amigo/a especial, ¿se torna una persona huraña, malhumorada, deprimida o ensimismada el resto del tiempo?

■ ¿Ejerce la otra persona una influencia desmedida en los gustos individuales, como por ejemplo, el vestir, la música, la comida u otra área de desenvolvimiento social?

Si ha contestado que sí a varias de estas preguntas o a todas, es muy probable que haya una relación codependiente entre estas personas. De ser este el caso, es necesario tomar las medidas pertinentes para orientar y ministrar estas vidas en torno al peligro de este tipo de relación.

❖ Una manera de poder ayudar a gente que tiene identificada una relación codependiente es la siguiente:

■ Cultive un tiempo de oración previo al encuentro con su amigo/a.

    ✴ Más que nada, usted necesita estar enfocado en el corazón de Jesús a la hora de hacer las cosas para Él.

 * Pídale al Espíritu Santo revelación de la persona de Cristo, que es el libertador y el, que al fin y al cabo, causa la regeneración de los pensamientos y las decisiones.

 * Mantenga una actitud positiva y abierta al favor de Dios; después de todo, usted está haciendo esto por amor.

- Asegúrese de que tiene confianza con la persona a la que va a confrontar con la situación.

 * Es muy probable que tratar de ayudar a alguien «en frío» sea una tarea infructuosa o muy difícil, porque la persona que tiene dañado su afecto verá como una intrusión su opinión, por buena que sea. Recuerde que los conflictos de identidad hacen a la gente abrazarse a su comportamiento como el náufrago al salvavidas.

- Busque un lugar que sea «neutral», en un ambiente o atmósfera fuera del vivir cotidiano, para reunirse a hablar de este asunto.

 * Así, probablemente, la persona esté menos propensa a defenderse.

 * Una invitación a un café o al cine puede hacer el trabajo.

- Muéstrele con un espíritu afable y de genuino deseo de no juzgar, lo que la Escritura enseña de esas conductas.

* Escrituras claves para desenmascarar este comportamiento serían:

  ✳ Romanos 1:18-25: Honrar a los hombres más que a Dios.

  ✳ Colosenses 3:5: Tener pasiones desordenadas y las consecuencias de dejarse arrastrar por ellas.

  ✳ Jeremías 17:9; Marcos 7:21: La naturaleza del corazón.

■ Explíquele brevemente algunas de las conductas descritas en este capítulo, referentes a la estima que se le otorga a otra persona, y sus consecuencias en sus relaciones con los demás.

  ✳ Bien pudiera comenzar la conversación, diciendo algo así como: «Mira, fulana/o, quiero expresarte cómo me siento cuando compartimos tú y yo con _____ [la otra persona en la relación codependiente]». Lo que usted necesita hacer es expresar sus sentimientos y observaciones, cuidándose de no acusar o señalar a su amigo.

■ Seguido a esto, sería saludable que, si su amigo/a es creyente, usted pueda recordarle lo celoso que es Dios, en cuanto al centro de nuestros afectos.

  ✳ Santiago 4:5

■ Una manera de derrumbar cualquier barrera es buscar una identificación con su amigo/a, en alguna experiencia que usted haya tenido de dejar una relación asfixiante.

■ Enfoque su ayuda en tres aspectos importantes:

* Entender que es doloroso y difícil admitir que se ha llegado a violar unos extremos y llegar a unos excesos.

* Que la gracia de Cristo es suficiente para darle poder a su amigo/a para desligarse emocionalmente de esta relación.

* Que este será un proceso que tomará un tiempo considerable, pero que usted está dispuesto a ayudar y a estar ahí, a lo largo del camino.

Capítulo cinco

La desnudez total

«Y ahora descubriré yo su locura delante de los ojos de sus amantes
y nadie la librará de mi mano... pero he aquí yo la atraeré
y la llevaré al desierto, y hablaré a su corazón.»
—Oseas 2:10, 14

El juego de las escondidas es uno de los favoritos de la raza humana. No conozco niño al que no le guste. Calladitos, muy quietecitos en su escondite, apenas pueden aguantar la risa cuando les pasan por al lado, buscándolos. El primer juego de las escondidas, el más antiguo de la raza humana, lo menos que tenía era de juego y de divertido. Era el hombre escondiéndose de Dios. Esta vez no había risas, hacía rato que el Padre sabía dónde y cómo estaban sus hijos... pero Él quiso preguntar. Siempre que Dios hace preguntas al hombre no es para sacarnos información, sino para que descubramos dónde estamos. Quiso hacernos escuchar de nuestra propia boca la condición que nos tenía lejos de su presencia, de su amor, de su cobertura.

Todavía resuenan en las almas de este tiempo: «tuve miedo porque estaba desnudo y me escondí».

De igual modo, muchos nos escondemos aún, conociendo su voz y sabiendo que anda tras nuestras pisadas. ¡Cuántas veces pude, o más bien, pudimos oír su voz, llamándonos a acercarnos... y nosotros, corriendo y escondiéndonos detrás de las obras de nuestras manos! Corrí una vez más de su voz, y esta vez, su amor se propuso no dejarme escapar de su mano.

Siempre que Dios hace preguntas al hombre no es para sacarnos información, sino para que descubramos dónde estamos.

Comenzó un nuevo año y, con él, una nueva decisión: mudarnos a los Estados Unidos. En su inmensa misericordia, Dios me bendijo con cuatro preciosos hijos, sumamente especiales. Como si fuera poca cosa el tener que lidiar con mi quebrantamiento sexual, a dos de mis hijos les fue diagnosticado autismo y a otro de ellos, retraso en el desarrollo.

En mi país, Puerto Rico, se nos hizo sumamente difícil adquirir los servicios de terapias para sus necesidades inmediatas, así que comenzamos a empacar maletas. Con el correr de los años, supe el porqué de esa escasez en los servicios para los impedidos: un político estaba robando el dinero de nuestros hijos.

En los primeros meses del año, organizamos un concierto para despedirnos de nuestra tierra. Al ser un ministerio reconocido por tanto tiempo, nuestro pueblo respondió de una manera conmovedora y muchos de mis colegas ministros y músicos asistieron al evento; algunos, participando y otros, apoyándonos con su presencia. También, varios pastores nos bendijeron con sus ofrendas y palabras de ánimo. Fue un concierto maravilloso, en el que pude compartir vivencias, ver viejos amigos y sentir el amor de todo un pueblo que agradecía más de quince años de ministración y servicio.

Mi esposa ya había viajado con mis hijos a los Estados Unidos y regresó para la fecha de ese concierto despedida que coincidía con mi cumpleaños, el 26 de junio de 1999. Ella estaría en Puerto Rico sólo dos días, pues mi suegro se había quedado con nuestros hijos en la Florida.

Esa noche, acabado el concierto, estábamos deseosos de estar juntos, pero no fue casi hasta la madrugada del próximo día que pudimos tener un tiempo para nosotros. Fue entonces cuando mi esposa me pidió que cancelara el siguiente concierto que estaba pautado para el mes de julio. Pero yo deseaba poder reunir más dinero para ayudarnos en nuestra mudanza. Motivado por eso, me negué a hacerlo. He analizado esa decisión muchas veces, desde distintos puntos de vista. Hubo un tiempo en que pensé que eso fue una maldición; pero en estos días, he entendido que Dios propició esos acontecimientos para llevarme a su «desierto». Dios nunca desperdicia nada; hasta nuestros pecados, dolores y equivocaciones son usados para sus propósitos.

Dios nunca desperdicia nada; hasta nuestros pecados, dolores y equivocaciones son usados para sus propósitos.

Hace unos cuantos años, escribí una canción llamada "Hay un hombre en la cruz", en la cual hablaba sobre varios males sociales, entre ellos, el abuso sexual infantil. Para ese tiempo, esa canción fue muy difundida y, a los pocos meses de haber sido grabada, un joven me escribió dejándome entrever su tormento por el abuso sufrido cuando niño. Respondí a su carta, poniéndome a su disposición para conversar acerca de lo que había vivido y así poder ayudarlo.

Varios meses después, durante uno de los conciertos que ofrecí en el interior de mi país, conocí a ese joven a quien llamaré Juan*. En ese primer encuentro, él me contó su historia de abuso, y eso me conmovió. Me afligí mucho e intenté ser su consejero espiritual para poder ayudarlo. Siempre mantuve mi distancia para evitar echar por tierra las cosas del Señor que había sembrado en él. Una de las cosas que he entendido, con respecto a conocer la verdad personal es aprender las cosas que a mí, en particular, me hacen recurrir a la conducta desviada.

En aquel entonces, mi esposa había regresado a los Estados Unidos; pero a mí aún me quedaban toneladas de gestiones y cosas que hacer en mi casa, como papeles que llenar, paquetes que enviar, gestiones gubernamentales y ensayos para el concierto final. Todo lo fui realizando diligentemente, pero, en mi interior, estaba aterrorizado por el cambio de vida y ambiente que se avecinaba para mí.

Frente a varios días de soledad, le pedí a Juan que me ayudara a gestionar trámites y que me acompañara a una iglesia, donde debía ministrar. Esos encuentros derivaron en una nueva relación afectiva que surgía por la convergencia de mis inseguridades y mis temores. Parte de ser hombre es saber afrontar los riesgos y las decisiones; y esa experiencia se me fue negada, por lo cual la estuve sustituyendo durante largos años por relaciones codependientes. Así, establecí otro nuevo vínculo de este tipo, que está formado por dos polos opuestos: por un lado, el «necesitado o la víctima» que es, en un sentido figurado, la «damisela» en peligro. Esta es la persona que, de primera intención, se arraiga más rápidamente al sentimiento de necesidad de afirmación continua. En otras palabras, esta es la persona de la relación que siempre está necesitando pruebas de amor y la que más demandas hace. Por lo general, es la que más control ejerce sobre el

*Nombre ficticio.

otro. Estos individuos aparentan ser desvalidos, inestables y frágiles, cuando, en realidad, son controladores, fuertemente celosos y egocéntricos. En el lado opuesto, está el «héroe» o salvador, que es el que rescata al otro. En cierta medida, tiene una necesidad tal de ser necesitado que accede a sus manipulaciones, para no perder ese «poder» de suplir. Ambos son realmente personas que tienen una crisis seria de identidad y que la andan buscando en los lugares equivocados de su propio quebrantamiento. La afinidad que tuvimos Juan y yo fue tal que, al menos en mí, llegó a adormecer toda conciencia de error o pecado, al punto de racionalizar nuestra relación como una de amor genuino. Cuando un ser humano se convierte en el centro de su vida, sin importar en cuál de los dos polos de la relación esté, entra en un pecado terrible de idolatría.

La idolatría, en los tiempos bíblicos, iba a la cabeza de las abominaciones más detestables del hombre. La relación de este tipo que estaba atravesando fue una puerta de entrada a otros pecados aún mayores. En mi afán por siempre de ser alguien que agradara a todo el mundo, traté de reconciliar la Palabra de Dios con mis sentimientos, pero erré al ignorar el concepto de muerte y negación. Cuando le damos

Cuando un ser humano se convierte en el centro de su vida, sin importar en cuál de los dos polos de la relación esté, entra en un pecado terrible de idolatría.

rienda suelta a nuestras pasiones desordenadas, como lo enseña la Escritura, en Romanos 1, se entra en un estado de estupor y, a la vez, de euforia tal que se bloquean las nociones equilibradas de cordura y de recato. La desfachatez es tal, en este tipo de insensibilidad, que nos paseamos frente a la verdad y nos mofamos de que no puede afectarnos.

Finalmente, llegó el día cuando tuve que partir hacia los Estados Unidos. Separarme de Juan fue algo triste e intolerable. Él lloraba inconsolablemente. Antes de llegar a la Florida, estuve dos semanas en otro estado haciendo conciertos, lo cual me permitió llamarle y escribirle. Regresé a mi casa y con mi esposa, quien siempre en su interior sabía que algo andaba mal conmigo.

Ese año, había hecho contactos para trabajar en mi ministerio musical con una dinámica mujer, llamada Marisol López. Ella era la editora de una excelente revista, *Impacto Musical*, y llegamos a un acuerdo para que fuera mi representante. Marisol fue, ante todo, una magnífica amiga. Una de las cosas que más me impactó de ella fue su intensa relación con el Espíritu Santo.

Recuerdo que en una ocasión, mientras caminábamos por Miami, Marisol me comentó una lectura de Watchman Nee sobre el libro del Cantar de los Cantares. Yo temblaba de pies a cabeza, mientras Marisol hablaba de cómo ese texto le había mostrado la relación de Cristo con su Iglesia.

El tiempo transcurrió; y, en una oportunidad, Marisol escuchó la voz de Juan por teléfono y me dijo: «No me gusta ese muchacho, suena raro; ¿no será homosexual?». Yo actué como quien dice: «No, chica, son cosas tuyas». Pero, dentro de mí, algo se activó; quizás, un temor oculto de ser confrontado. Mientras las puertas se abrían para ministrar en diferentes lugares, más me seguía adentrando en esta relación pecaminosa, aún a la distancia.

Un buen día, Marisol me llamó a Orlando, Florida, desde la ciudad de Miami y me dijo en su tono muy cubano: «Óyeme, Charlie, tuve este sueño rarísimo contigo y me dio hasta risa, ¿oíste? Soñé que alguien se me acercó y me dijo: "Oye, Mari, ¿tú sabías que Charlie Hernández era homosexual?" ¡Qué gracioso!, ¿verdad?». Demás está decir que sentí que el mundo se me caía en pedazos, pero decidido a mantener mi mentira viva a toda costa, me eché a reír y le dije: «La verdad es que fue tremendo bistec el que te comiste antes de dormir, chica».

Esa fue, sin duda, una advertencia de Dios para mi vida; pero, aun así, continué aferrado a mis cadenas. Si somos realmente honestos, tenemos que reconocer que, en muchas ocasiones, Dios nos habla y nos advierte del peligro en que nos encontramos.

> Si somos realmente honestos, tenemos que reconocer que, en muchas ocasiones, Dios nos habla y nos advierte del peligro en que nos encontramos.

En esos momentos, yo estaba operando en lo que la Biblia enseña que es una «mente reprobada»; obviamente, fue el resultado de no honrar a Dios ni darle gracias, pues mi corazón se encontraba como Adán, hablando con Él, pero escondido entre mis obras piadosas.

Al igual que las anteriores relaciones ilícitas, empecé a desear que todo esto se acabara. La realidad era que me hacía mucha falta volver a tener mi comunión y mi paz con Dios y con mi familia. Definitivamente, estaba entrando en otra de mis etapas finales, donde deseaba salir de todo. En mi desvarío mental y emocional, yo «hablaba» con Dios y le pedía que me guiara en esta relación, que me "ayudara" a salir de ella. El hombre tiene una gran capacidad de buscar guías alternas a la verdad.

Mi incomodidad ya estaba en unos niveles intolerables. No podía disfrutar de mi relación con mi esposa, ni consideraba la condición de mis hijos ni, mucho menos, sus incapacidades o limitaciones. Me estaba ministrando a mí mismo un espíritu de *autoengaño* que, eventualmente, marcó mis decisiones y relaciones futuras. No importa cuán saciada aparente estar una conciencia, siempre, en un rincón del corazón, deja una puerta abierta para regresar al pecado.

Sin embargo, salir de esa situación me resultaba muy difícil, ya que constantemente Juan me amenazaba con un escándalo. Pero la explosión real se oyó cuando mi esposa escuchó, por casualidad, una conversación telefónica que revelaba toda la verdad entre ese joven y yo. En ese momento, un frío me recorrió por todo el cuerpo y sentí la carcajada de Satanás apretando mi cerebro y mi alma. Una terrible sensación de vacío y soledad me invadió y me sobrecogió por unos segundos, paralizándome por completo. Cuando pude reaccionar, llamé inmediatamente a Juan, y llorando le dije que mi esposa sabía todo, que esto era el fin, que no me volviera a lla-

No importa cuán saciada aparente estar una conciencia, siempre, en un rincón del corazón, deja una puerta abierta para regresar al pecado.

mar. No bien había terminado de decirle estas cosas cuando él comenzó a gritar y vociferar al otro lado: "¡No me dejes! Si me abandonas ahora te voy a destruir. ¡Todo el mundo lo va a saber!". Eso lo decía porque yo le había contado cómo, en ocasiones anteriores, mi esposa me había perdonado y habíamos salido adelante. Por eso, él no estaba dispuesto a dejar que yo me saliera con la mía. Lo que Juan no sabía era que Dios tampoco lo iba a permitir.

Las palabras de Nany al enterarse fueron, entre otras: «Te voy a dar a escoger: ¿regresas a Puerto Rico con este joven o te restauras *de una vez y para siempre* con tu familia, aquí? Si eliges la segunda, esta vez irás a hablar con el pastor para que nos ayude». En ese momento, yo estaba tan adormecido por la vergüenza y el dolor que apenas pude escuchar lo que me decía.

Entrada la tarde, mi esposa revisó el correo electrónico, y un rayo de esperanza se vio en medio de todo este tornado de acontecimientos. El pastor Rigoberto Carrión, del entonces ministerio El Hijo Pródigo, ahora, Los Hijos del Padre, me había enviado un mensaje porque tenía en su poder mi más reciente CD. Me escribía para reestablecer el contacto de hacía un par de años y me envió su número de teléfono.

Lo milagroso de este asunto fue que, primero, escribió el mensaje en horas de la tarde, justo cuando estaba pasando toda la debacle familiar; segundo, el pastor envió ese correo electrónico a mi representante, y ella casi siempre me reenviaba los mensajes al día siguiente. Por obra y gracia de nuestro Señor, los pastores Rigoberto y Sonia Carrión vivían apenas a cinco minutos de mi apartamento y llegaron con gran gozo y disposición de ayudarnos.

Hacía mucho tiempo, yo había conocido el testimonio de Rigoberto Carrión, quien había vivido una vida pública de homosexualidad por treinta y cuatro años, hasta que Jesucristo mismo se le reveló en su cuarto. Recuerdo haber leído un artículo con su testimonio, que me resultó muy impresionante, pero poco aplicable a mi vida de ministro por tantos años, pues hablaba de posesiones demoníacas y experiencias parecidas. Luego de haberlo conocido personalmente, al cabo de varios años, nos volvimos a encontrar, precisamente, en la Florida, cuando estábamos de vacaciones. Habían pasado dos años antes de esta llamada que le estábamos haciendo.

En esa última ocasión, me contó sus planes de hacer un ministerio dedicado a la restauración de personas quebrantadas por la homosexualidad y yo, muy piadosamente, le pregunté qué cosa podía hacer para contribuir a esa causa. Él me contestó con otra pregunta, a la cual no tuve contestación:

—¿Cuánto estás dispuesto a exponerte para ayudar?

Comencé a pensar: «¿Yo? ¿Exponerme? ¿Que la gente sepa de mis luchas? ¡Jamás!».

—Pastor —le contesté— eso lo tenemos que poner en oración ¿verdad, mi amor? —le dije a mi esposa para salir del paso. Y, sin embargo, ahora... no tenía opción: ya estaba expuesto de cualquier manera.

Al siguiente día, salí con Carrión a reunirme con Roberto Candelario, mi pastor, en su oficina; y allí, luego de escucharme, oró por mí. Sus palabras fueron impactantes, poniéndole al Padre una demanda sobre la palabra sembrada en mi vida por tantos años; y allí me dio el mejor consejo que jamás había escuchado: «Ahora, hay que tomar las cosas *un día a la vez*».

La iglesia Centro de la Familia Cristiana de Orlando me rodeó de tanto amor y misericordia que abrió las puertas de par en par para seguir sanando. Comenzó el proceso de limpieza en mi mente y en mi corazón, primeramente, adoptando la identidad de la Palabra de Dios en mí.

Finalmente, el pastor Rigoberto intentó que Juan ingresara al proceso de restauración, pero fue infructuoso: su único deseo era tratar de infligirnos el mayor daño posible, al hablar con determinadas personas para desacreditarme, y, en algunos casos, lo logró. Las personas que en un momento de sus vidas fueron heridas profundamente terminan hiriendo a otros.

La Escritura lo dice claramente: «No amen al mundo ni nada de lo que hay en él. Si alguien ama al mundo, no tiene el amor del Padre. Porque nada de lo que hay en el mundo –los malos deseos del cuerpo, la codicia de los ojos y la arrogancia de la vida– proviene del Padre sino del mundo» (1 Juan 2:15-16 NVI). El Espíritu Santo había comenzado a exponerme para llevarme a su desierto. ¡Había llegado el momento que más había temido en toda mi vida y ocurrió de una manera tan poderosa como para no dejarme otra salida que decidir sanarme! Fui desnudado de todo aquello que me impedía confesar: mi buena imagen ante los demás, mi prestigio, el renombre, la fama y, sobre todo, la comodidad de no cambiar. Las mismas cosas eran, a la vez, la causa de mi orgullo y mi excusa para no cambiar.

Las personas que en un momento de sus vidas fueron heridas profundamente terminan hiriendo a otros.

Esos fueron los días más tristes de toda mi vida. Pude descubrir, con el tiempo, todo el maravilloso plan de Dios para llevarme a este desierto y hablarme al corazón, diciéndome: «Así te quería tener; totalmente desprovisto de excusas, para arrancar, derribar y destruir lo que por tantos años tuviste como tu verdad secreta. Déjame hablarte al corazón, hijo mío... todo esto que estás pasando es solo para que sepas cuánto te amo».

No me cabe la menor duda de que es en el desierto en donde uno mejor puede escuchar la voz de Dios hablando al corazón. Allí está Agar, escuchando la promesa de su provisión, justo a punto de ver morir a su hijo; luego, verá a un Moisés fugitivo, teniendo una revelación de un Dios Poderoso, en medio de un arbusto ardiendo, mientras había estado huyendo de su pasado. Más adelante, puede ver a un David perseguido pero, a la vez, refugiado bajo sus alas; y, finalmente, está Jesús, llevado por el Espíritu a ese terrible lugar para afianzar su identidad de hijo, la misma que Él quería que yo descubriera.

PUNTOS DE REFLEXIÓN:

❖ ¿Ha considerado que la soberanía de Dios abarca desde los errores hasta las victorias de su vida? ¿Cree usted que a Dios se le escapó de las manos el que usted haya pasado por unas experiencias amargas? ¿Cuál es la perspectiva de Dios con relación al sufrimiento, la pena o la vergüenza? La Palabra de Dios dice, en 2 Corintios 7:10: «Porque la tristeza que es según Dios produce arrepentimiento para salvación, de que no hay que arrepentirse; pero la tristeza del mundo produce muerte».

❖ Podemos preguntarnos, entonces, cuando decimos que algo nos va a matar de vergüenza, qué es lo que se está muriendo.

PUNTOS DE INTERÉS:

❖ Muchos de nosotros nos vemos luchando de continuo con tentaciones y pecados, en los cuales caemos una y otra vez. Hay situaciones que hemos tratado de sobrepasar por medio de esfuerzos y motivaciones humanas, que solo nos llevan de vuelta al mismo lugar. Sin haber una confrontación directa y una exposición del pecado, no puede haber una sanidad completa.

❖ En el reino de Dios, siempre que hay un tiempo de destrucción, se asoma otro de resurrección y gloria, en la misma proporción.

❖ La misma capacidad que tenemos de bajar la tenemos de subir y viceversa. Cuando pensamos en que podemos ministrar y servir, hablar la Palabra e impactar vidas con nuestros dones y talentos, no podemos olvidar que con la misma intensidad que podemos desplegar esas manifestaciones espirituales, igualmente podemos manifestar esos niveles en nuestra perversidad.

❖ En la historia del joven rico, Jesús lo confronta con una petición. La frase «una sola cosa te falta» nos habla al corazón y nos lleva al mismo punto: aquello a lo que más estamos aferrados es, precisamente, lo que tenemos que entregar, llámese como se llame.

❖ Para algunos, podría ser innecesario que compartiera mis experiencias, pero entiendo que Dios me animó a hacerlo para que quienes las han vivido puedan identificarse y, al fin, «volver en sí», al ver sus propias situaciones reflejadas en mi historia.

Cómo ayudar a alguien a quien amo:

❖ El conocimiento es poder. Saber lo que nos puede atar de antemano nos ahorrará muchos tropiezos, si es que verdaderamente deseamos ser sanos. Haga una lista de las cosas que usted entiende que han sido los «disparadores», detonadores o motivadores de conductas desviadas en su vida. Algunos ejemplos de estas cosas son:

- Cansancio o agotamiento físico
- Opresión por causa de deudas económicas
- Excesivo estrés debido al trabajo
- Afrontar algún tipo de incertidumbre en el futuro
- Ansiedad por correr el riesgo de perder algo

- Soledad por causa de una pérdida
- Asumir una nueva responsabilidad financiera o emocional
- Dolor por causa de romper con una relación
- Aburrimiento
- Ira o coraje desmedido, especialmente relacionado con una relación sentimental

Capítulo seis

Aprender a señorear

«Varón y hembra los creó. Y los bendijo Dios, y les dijo:
Fructificad y multiplicaos; llenad la tierra, y sojuzgadla
y señoread en los peces del mar, en las aves de los cielos
y en todas las bestias que se mueven sobre la tierra.»
—GÉNESIS 1:27b-28

Si consideramos lo difícil y cuesta arriba que es retomar nuestro lugar como individuos e hijos de nuestro Padre, tenemos que concluir que unir dos personas en ese mismo proceso es aún más intenso y complicado. Los matrimonios que quedan devastados por situaciones como las que mi esposa Nany y yo hemos pasado necesitan un trato especial y una comprensión de los procesos de Dios para que retomen su lugar en el propósito original para el que fueron diseñados: para fructificar, multiplicarnos, llenar, sojuzgar y señorear.

Dar frutos es la parte principal de nuestro crecimiento como pareja en Dios. Los primeros que se deben manifestar están en la lista que encontramos en Gálatas 5: amor, gozo, paz, paciencia, benignidad, bondad, fe, mansedumbre y templanza. No podríamos abundar en cada uno de ellos, pues entonces necesitaríamos varios libros más, pero sí quisiera enfatizar el hecho de que el amor es el primero de todos. Muchas parejas, hoy día, se casan teniendo en mente que el «amor» que los unió los va a mantener así. Lo que muchas parejas no saben es que ese amor que ellos conocen, primeramente, es inmaduro y está adulterado con conceptos erróneos de la cultura, los medios de comunicación y, en fin, la ignorancia de la Palabra.

En estos tiempos, se ha glorificado el concepto de «sentir» el amor, y eso es así aún en medio de nuestras iglesias, pues el porcentaje de divorcios entre los creyentes es tan alto como en el ámbito secular y me atrevería decir que, quizás, hasta más.

> Muchas parejas, hoy día, se casan teniendo en mente que el «amor» que los unió los va a mantener así.

El asunto de dar frutos basados en amor debe partir del concepto de que nuestro corazón es «engañoso sobre todas las cosas». ¿Quiere decir esto que todos esos sentimientos bonitos que tuvimos cuando nos hicimos novios y nos casamos fueron un engaño? Ya puedo casi escuchar el frotar de las manos de los que están buscando excusas para separarse de sus cónyuges. La respuesta es no. No fueron un engaño; es más, fueron puestos allí por Dios mismo para que fuera el *comienzo* de una larga travesía en un pacto. Esos maravillosos sentimientos fueron el impulso inicial que nos llevó el uno al otro, pero pretender utilizar ese mismo sentimiento para permanecer juntos toda una vida es como querer manejar un automóvil por toda la ciudad en primera velocidad, sin cambiar el embrague. En otras palabras, esas experiencias iniciales de nuestro amor son el primer paso en un continuo y siempre creciente proceso de madurez.

Actualmente, una de las excusas primordiales de las parejas que se divorcian es que «ya no lo amo como antes». Una mirada rápida al amor ágape que se encuentra en 1 Corintios, capítulo 13, nos haría un excelente auto examen de cómo estamos viviendo el amor. Dice allí, para empezar, que ninguno de los dones espirituales que tenemos supera u opaca al amor, en su importancia. Esto es fundamental entre las personas que se consideran líderes en las iglesias; y, sin embargo, es sumamente ignorado, pues la tasa de adulterios y de otros pecados entre ellas va en aumento cada año. Las esposas e hijos de pastores y otros líderes espirituales son objeto de gran falsedad en el amor, cuando los esposos y padres ponemos por encima las cosas del «espíritu» y le damos un disfraz de consagración y santidad a Dios.

Es conocida por todos la tendencia que hay, especialmente entre los hijos de pastores, a apartarse de los caminos del Señor. Un día escuché al pastor Bobby Cruz, de la ciudad de Miami, decir: «Tanto que los pastores nos critican por nuestra música y, sin embargo, cuando salimos a ministrar, son sus hijos quienes precisamente vamos a rescatar de esos ambientes perversos». El ministerio de Richie Ray y Bobby Cruz fue pionero en usar la música de salsa como otra red más en el reino de los cielos para ser pescadores de hombres y, precisamente, esa

Las esposas e hijos de pastores y otros líderes espirituales son objeto de gran falsedad en el amor, cuando los esposos y padres ponemos por encima las cosas del «espíritu» y le damos un disfraz de consagración y santidad a Dios.

falta de madurez en el liderato llevó a tenerlos «exilados» dentro del Cuerpo de Cristo por muchos años.

Tenemos que concluir, pues, que el inicio del amor es el sentimiento, pero su fundamento está en el desarrollo del carácter del individuo. En otras palabras, nuestro amor crece, en la medida en que crecemos en nuestro conocimiento del carácter de Dios. ¡Cómo es posible que desde los púlpitos de nuestras iglesias prediquemos sobre el amor a los enemigos, y en casa no podamos tener misericordia cuando no se hacen las cosas de la manera que nosotros queremos! La primera característica del amor es que no tiene nada que ver con «lo suyo». Muchos esposos quisieran que sus mujeres fueran un modelo de perfección en tantas áreas, cuando aún no están dispuestos a admitir que necesitan ayuda ellos mismos, en otras. El concepto de ayuda idónea no vino para que el hombre tuviera un burro de carga, sino para que este ser humano fuera instrumento de Dios, también, para modelar su carácter. Pero nosotros nos aferramos a doctrinas y estilos culturales donde la mujer se ve como un ser inferior y la posición de «coheredera» de la gracia la coloca un poco más atrás de donde estamos caminando, cuando Dios la pone, justamente, al lado nuestro.

Fructificar es comprender la naturaleza del sacrificio que hay en el amor. Pero ¡cuán frecuentemente nosotros nos «cansamos» de dar cuando la palabra dice: «No nos cansemos de hacer el bien, pues a su tiempo segaremos, si no desmayamos». Cuando aprendamos que el amor se trata más de despojarse que de tener; más de ofrendar que de reprochar; más de rendir que de exigir; más de creer que de dudar; más de crecer que de menguar; entonces estaremos dando fruto como al principio se nos ordenó. Eso nos lleva a la fase de multiplicarnos. Nuestros hijos serán más de lo que ahora somos nosotros. Si en casa hay gritos, ellos aprenderán a gritar; si hay reproches, ellos aprenderán a criticar; si hay sequedad, serán amargados; si hay crítica, vivirán acomplejados; si hay adulterio, serán víctimas de ese pecado; si hay violencia de cualquier clase, ellos aprenderán a hacer lo mismo con otros. Ese es el patrón determinado desde el principio. Dios, en la creación, determinó que cada cosa creada recibiera la esencia de la fuente de donde salió. Por eso, cuando hizo los peces, le habló al agua; cuando hizo las aves, a los cielos; cuando hizo los árboles y las plan-

Nuestros hijos serán más de lo que ahora somos nosotros.

tas, a la tierra y cuando hizo al hombre... se habló a sí mismo. Cabe entonces preguntarnos: «¿Qué estamos hablando a nuestros cónyuges? ¿Qué estamos produciendo en ellos, en nuestros hijos y en los que nos rodean?».

Es tremendo pensar que antes de producir fruto todo lo que Dios hizo fue hablar. Si es que nosotros participamos de la naturaleza de Dios, por cuanto hemos salido de Él, entonces nuestras palabras, sean cuales fueren, traerán un fruto en nosotros mismos y en las vidas de otros. En nosotros, porque no fue sino hasta que Dios se habló a sí mismo que el hombre vino a la existencia; y en otros, porque al igual que Dios, Adán habló palabras sobre su esposa que le dieron destino.

Mi pastor, Roberto Candelario, dice que la mujer es una flor y el hombre el terreno en donde ella está sembrada. Si el terreno es áspero y poco alimenticio, la flor estará marchita; pero si es rico en nutrientes, ella será hermosa. Este pensamiento nos lleva a considerar lo que es «llenar la tierra». Sin duda alguna, fuimos llamados a cubrir la tierra de nuestra mente y de nuestra voluntad con la esencia del ser de Dios. La tierra estaba desordenada y vacía. El principio de las cosas siempre lleva en sí mismo un «desorden» o caos que necesita ser puesto en orden. Esto es tan importante tenerlo en mente porque el humanismo secular nos enseña que somos inherentemente o en esencia «buenos»; mientras que la Palabra nos dice que «no hay bueno, ni aún uno». ¡Cuántos dolores de cabeza nos ahorraríamos, si entendiéramos ese concepto! La ocupación de nuestra vida es llenar ese desorden natural que tenemos, con una dependencia extrema de Dios.

Imagine la mujer que sufre porque siempre está a la expectativa de cuándo será la «próxima vez» que le fallarán, que la harán llorar, que la avergonzarán, etc. La voluntad de Dios no es esa, querida hermana. Como dice mi amada esposa de continuo: «Dios no me llamó a confiar en ti, Él me llamó a amarte. Eso es todo». ¡Wau!

El asunto de llenar la tierra se le dijo a la primera pareja, luego de que ambos se «conocieron». En otras palabras, cuando tuvieron una relación de cercanía e intimidad. En esta sociedad en que vivimos, en donde se está de continuo en una «carrera de ratas», o mejor dicho, en un afán por llegar en primer lugar en todo, es muy común encontrar parejas de matrimonios que, con tal de seguir amontonando bienes y estatus ante la sociedad, prefieren no mirar su vida íntima ni llevarla a Jesús para saber si está siguiendo el modelo divino. Lo que más conmueve al corazón del Padre es ver que estas crisis ocurren más y más a diario entre los príncipes de su pueblo.

En una ocasión, los hijos de Dios estaban, como de costumbre, alejándose de su relación con Él, y el Padre les dio este mandamiento: «Considerad vuestros caminos». Tal vez, usted de igual modo pueda sentir la voz de nuestro Señor, en el huerto de su corazón, que dice: «Hijo mío, ¿dónde estás?».

Sojuzgar en el principio una creación tan «perfecta» parece un poco fuera de lugar en estos mandamientos que el Señor le da a la pareja. Lo cierto es que el Padre sembró en nosotros una tendencia a domar o sujetar algo que necesita ser traído a orden. Por supuesto, cuando Adán y Eva pecaron, esta tendencia se desvirtuó, al punto que nos convirtió en tiranos, opresores y abusadores los unos de los otros. Lo contrario a un individuo que oprime es una persona codependiente, y ambos extremos están fuera del mandamiento de sojuzgar.

Lo primero que tenemos que aprender a someter en esta «tierra», que somos nosotros, es nuestros sentimientos. La Palabra dice que los sensuales son causa de división, y cuando se habla de división, estamos hablando de dos visiones contrarias (ver Judas 1:19). Un matrimonio debe correr con una visión y meta en común, bajo la cual se sojuzgan todas las demás cosas. Claro que, al igual que el amor, esta visión va creciendo y modificándose conforme va madurando y la pareja se va conociendo; pero lo importante es que ambos estén de acuerdo en ver las cosas de la misma manera.

Una persona sensual, conforme al concepto bíblico, es aquella que juzga las cosas de acuerdo con lo que siente o percibe, según sus sentidos naturales. Este es el tipo de individuo que, como dicen en mi barrio, dispara primero y pregunta después. Lo triste de esta clase de juicio es que no tiene el corazón del Padre para tomar decisiones, y su vista está nublada por los prejuicios. Por el contrario, están aquellos que usan el discernimiento divino, y su relación estrecha con el Padre les da autoridad y carácter, a la hora de hacer un juicio.

El concepto de «señorear» sobre la creación nos deja ver el aspecto del Padre que hay en Dios, que quiere ver a sus hijos participar de su naturaleza y desarrollarse. Actualmente, esto es sumamente primordial en nuestras familias. Nuestros hijos buscan un círculo de influencia en donde ellos sientan que pueden dominar; y, tristemente, la mayor parte del tiempo,

Nuestros hijos
buscan un círculo
de influencia en
donde ellos sientan
que pueden dominar.

es fuera del ámbito del hogar. Cuando sus padres son gente de liderato y usted no comparte sus áreas de fortaleza, la inmensa mayoría de las veces se siente excluido de ese mundo en donde ellos «dominan» y usted es meramente «el hijo de Fulano».

Muchos hombres y mujeres descubren, ya muy tarde que, en lugar de haber permitido a sus hijos participar de su área de liderazgo, los dejaron al margen, desanimados, y sin la esperanza de poder acercarse a ellos en su desempeño. Es así porque, generalmente, los amigos de papá y mamá no son los nuestros; tal vez, no se tomaron la molestia de presentarnos con ellos, incluirnos en el grupo que sale juntos a cenar, a ver películas, compartir chistes y experiencias. Siempre fuimos «los nenes» o «los chicos» y, en lugar de llevarnos a una transición hacia la adultez, su proyección hacia nosotros, en general, fue de relegarnos a un papel secundario en sus relaciones sociales. En el desarrollo de un hombre, esto es sumamente vital, pues todos nacemos con una fuerte inclinación de dependencia de nuestra madre y en los varones, es necesaria una transición hacia papá. Como hemos dicho antes, es obvio que, si el padre «no recibe» al muchacho, entonces esa etapa se queda inconclusa y, en algunos casos, ahí se empieza a desarrollar una conducta homosexual. En otros, el hombre desarrolla unas inseguridades que arrastrará por mucho tiempo, al menos, hasta que se haga conciente de cuánto esto le afectó en su pasado y empiece a dar pasos para cambiar. El no dejar a nuestros hijos participar de nuestras áreas de dominio creará en ellos el deseo de buscar otros escenarios donde puedan ser los protagonistas. Por eso vemos cómo adoptan estilos de vida, muchas veces, hasta contrarios a nuestras costumbres y creencias.

Amados, créanme, lo hacen porque ese vacío necesita ser llenado. El varón necesita ser tocado y tocar a su padre. Hablo de contacto físico, especialmente en su temprana edad, pues esa es la primera noción que tiene de pertenencia, a través del sentido del tacto. Con el correr del tiempo, el varón necesita sentir que su padre lo respeta y se siente orgulloso del campo en el cual él se está desarrollando.

Es asombroso cómo ese hombre que se llama «papá» puede ser tan amoroso y paciente con un perfecto extraño y, a la hora de hacernos partícipe de su conocimiento, puede ser tan crítico e intolerante. Casi siempre se debe a que ellos tienen una expectativa muy alta y unas esperanzas de ver en sus hijos la realización de las cosas que ellos mismos no han podido hacer. Lo curioso es que esperan que sus hijos lleguen en menos tiempo al mismo nivel de compromiso y madurez que a ellos les tomó años de sufrimiento y espera. El resultado: un distanciamiento entre ellos irreconciliable, muy a pesar del cambio y la madurez en ambos. Retomar el terreno de señorear, para pasarle el legado a nuestros hijos nos tiene que llevar al punto de verlos como personas a quienes estamos sirviendo y que, a su vez, van a perpetuar nuestra relación y manera de ser. En muchos casos envuelve un respeto por sí mismos y por sus hijos, que viene solo cuando Jesucristo amplía la visión por medio de su Espíritu Santo.

A veces, los padres se frustran porque ven en sus hijos aquellas mismas cosas que ellos detestaban de sí mismos y dicen: «¿De dónde este muchacho sacó estas características tan distintas de mí?». Lo que ellos olvidan es que, en su tiempo, ellos fueron de la misma manera y cuánto les costó cambiar.

En el otro extremo de la balanza, tenemos a los padres o las madres que «usan» a sus hijos para perpetuar o realizar los sueños que ellos mismos no lograron tener de niños. Eso sucede en muchos campos disciplinarios, pero se da mucho en los deportes y en las artes. Tomemos el caso de la madre dominante con un padre «ausente» (sin implicar, necesariamente, que el padre no está físicamente) que exhibe el talento de sus hijos con el orgullo de un atleta de maratón. En muchas ocasiones, estos padres se ufanan de los tremendos logros académicos de sus hijos y, a menudo, exageran la nota de sus conquistas. Los niños, por ser inteligentes, notan estas cosas, y los hacen vivir en una fantasía en donde la mentira y la exageración forman parte de su «realidad». La presión y la disciplina sobre estos niños son casi tiránicas y consistentes, de manera que ellos sienten que jamás van a poder complacer en su totalidad a estos padres. Si añadimos a este factor el desequilibrio en la relación padre-madre y el rompimiento del proceso de adquirir identidad a temprana edad, tendremos por resultado personalidades quebrantadas, inseguras y en constante búsqueda de aprobación. Gran parte del concepto de dominar, en estas vidas, se ve limitado a complacer a otros; y sus metas siempre tienen que estar sujetas a la voluntad de otros; en otras palabras: no hay muchos padres con el corazón de siervos que se dediquen a buscar en cuáles cosas sus hijos pueden destacarse. Casi siempre, estos padres ejercen su sombra de influencia en lo que los hijos hacen, hasta una avanzada edad, y solo la verdad de Jesús puede llevarlos a romper la cadena de esa «realidad» de codependencia.

No hay muchos padres con el corazón de siervos que se dediquen a buscar en cuáles cosas sus hijos pueden destacarse.

La orilla de la playa se siente más fría hoy que hace unos días. Mientras camina hacia el bote, el pescador trata de que su mente no se turbe por las voces que aún oye dentro de su cabeza: «Este se parece al Nazareno, escúchenlo... ¡Hasta habla como ellos!». Maldiciones de marinero viejo se oyen en la boca de aquel que había aprendido a hablar otra vez conforme al corazón del Maestro, de su padre. Por tercera vez, el miedo lo llevó a comportarse como quien no ama, cuando él mismo había sido objeto de tanto amor. Como un terremoto callado, el cantar del gallo le erizó todos los vellos del cuerpo, ese mismo sonido tan familiar que formaba parte de su vida cotidiana, ahora le recordaba cuán poco conocía su corazón. Y entonces, esa mirada... El vaivén del bote cerca de la orilla lo sacó de ese trance momentáneo y se dijo a sí mismo: «Simón, la vida continúa». Se sube, con los demás, y mientras rema, le parece verlo en una esquina, dormido, como él solía ser... apacible, como quien tiene el control de todas las cosas. «Otra vez esta rutina; ya no me siento el mismo, voy a tener que trabajar mucho para volver a adquirir el toque que tenía antes para ser el pescador más arrojado de toda esta región. Ya ni me reconocen por mis hazañas en el mar. Ahora soy uno más, luchando con la economía y la falta de trabajo».

Mientras estos pensamientos aún están en su cabeza, casi sin darse cuenta, la noche va cayendo sobre ellos. Una ola ruidosa lo sobresalta de repente, pensando que tal vez era Él, una vez más, caminando hacia ellos; y resuena el eco de esa voz tranquila, pero, a la vez, autoritaria, en su mente, diciéndoles:

—¡Muchachos, no teman, yo soy!

«¡Ja! —pensó para sí— se creían que yo no me iba a tirar cuando lo dije. Pero Él sabía que lo iba a hacer y me esperó; no se burló de mi osadía, más bien, esperó impaciente a que llegara hasta Él. Dudé y, con todo, me llevó de vuelta a casa...».

—¡Simón! —le grita uno de los que estaban con él— ¡Te estoy preguntando que qué vamos a hacer. Ha pasado toda la noche y ya está amaneciendo!

Pedro, como despertando de un sueño, se encoge de hombros y no contesta nada... «No soy lo que era antes, no Señor.»

—¿Han pescado algo? —gritó alguien desde la orilla.

—¡Nooooooooo!, —gritaron todos a la vez.

—¡Tiren la red a la derecha y encontrarán algunos!

—¡Lo que nos faltaba, a esta hora de la mañana! —pensó un presumido.

—Está bien; vamos a intentarlo, muchachos; total, ya estábamos regresando, ¿no? ¡Uf! Esta red se está rompiendo... ¿qué es esto?, ¿será posible que...? Un momento... ¡esto yo lo he vivido antes!

Juan interrumpe este pensamiento y grita:

—¡Es el Señor!

Todos corren como quien va a una fuente luego de caminar un largo desierto, pero se detienen de repente, paralizados ante la escena... un fuego y una comida servida, una invitación. Pero no es un extraño; ellos conocen el tono de voz, es esa melodía que se oía en el alma cada vez que cantaban, jugaban, salían de fiesta, compraban en el mercado o visitaban amigos juntos... ¿pero quién podía decir nada? Nadie habla, yo no voy a hablar. Después de todo, mis últimas palabras sobre Él fueron tan tristes que no merece la pena recordarlas; pero aquí está, dándome de comer... ¡y qué delicioso está esto...! No me atrevo ni a mirarlo a los ojos.

—Simón Pedro, Simón, hijo de Jonás, ¿me amas más que estos otros?

—Sí; tú sabes que te amo... ¡Oh Dios, tres veces me preguntas! Tres veces mi dolor, tres veces mi vergüenza y tres veces me confías tu tesoro más grande, por el cual diste la vida... ¡tus ovejas!

Ese es el corazón de un padre que está dispuesto a enseñar a sus hijos a señorear.

PUNTOS DE REFLEXIÓN:

❖ Para padres que tienen hijos que muestran rasgos con tendencias homosexuales en su edad preadolescente, sería conveniente hacernos algunas preguntas:

■ ¿Cómo es el tono de las conversaciones en el hogar?

■ ¿Con cuánta frecuencia sus hijos ven demostraciones de afecto entre ustedes como pareja?

■ Cuando surgen discrepancias entre ambos, ¿pueden ver sus hijos que ustedes trabajan en una reconciliación exhaustiva o dejan el tema y no hablan del asunto?

■ ¿Cuánto tiempo invierte el padre con sus hijos varones y la madre con sus hijas, y qué tipo de actividades comparten?

■ ¿Ven los hijos que el padre de la casa anima a su madre a que crezca y se desarrolle?

■ ¿Se escuchan en el hogar palabras de alabanza por las cosas que son rutinarias como la comida, la ropa lavada, los platos o el manejo de finanzas?

■ ¿Con cuánta frecuencia se ríen en la casa?

■ ¿Se siente usted fracasado o frustrado cuando su hijo/a no se destaca en sus estudios, en el deporte o en cualquier disciplina que usted considere digna de dominar?

■ ¿Cómo terminan las discusiones en el hogar? ¿Quién toma la iniciativa de reconciliarse?

■ Cuando hay un desacuerdo entre usted y su hijo, ¿no le dirige la palabra por algún tiempo determinado?

- ¿Se exaspera, critica abiertamente o se siente humillado usted cuando su hijo/a muestra amaneramientos o rasgos que no van de acuerdo con su sexo?

- ¿Cuánto tiempo invierte usted en participar de las actividades que su hijo considera importantes?

- ¿Es el tema de la carrera profesional de su hijo algo que provoca discusiones entre ustedes?

PUNTOS DE INTERÉS:

❖ La primera noción que tienen los niños de quién es Dios es a través de la relación con sus padres. Un gran porcentaje de los hijos de ministros, en esta generación pasada, y aún en la presente, viven alejados del Cuerpo de Cristo por entender que «la iglesia» les quitó a sus padres. Otros, sencillamente, no han podido superar o asimilar el cambio de prioridades que Cristo ha hecho en sus padres, y se abandonan en la auto compasión, optando por alejarse emocionalmente. La demanda sobre los ministros actualmente es que, a través de actos continuos de compasión por sus propios hijos, hagan espacios en sus agendas para que estos comprendan que son importantes y que, por más ocupado que esté un ministro, el tiempo que les pertenece a ellos no es negociable.

CÓMO AYUDAR A ALGUIEN A QUIEN AMO:

❖ Es vital e importante el que haya una plataforma social en la que nuestros hijos puedan sentirse que tienen o ejercen dominio. Puede ser tan sencillo como una simple responsabilidad, tal como encargarse de apagar las luces del hogar a la hora de salir, como llevar la contabilidad de un dinero ahorrado, etc.

■ ¿Cómo desarrollar un área de dominio y, a la vez, como padres, no perder el control sobre los hijos?

* Asigne una responsabilidad menor, pero consistente con la madurez de sus hijos.

* Programe metas a corto plazo, en las cuales al final de cada semana les pueda dar un "premio".

* Haga un plan de ahorro con su hija o hijo para que, al finalizar el año, salgan de vacaciones o realicen algo juntos.

* Establezca un horario de socialización para que las amistades de sus hijos participen, también, en actividades de la familia.

Siempre que sus amigos estén presentes, honre a sus hijos, presentándolos y hablando de sus logros, y no, de de sus deficiencias.

Capítulo siete

Aprender otra vez a cantar

«Y le daré sus viñas desde allí y el Valle de Acor por puerta
de esperanza; allí cantará como en los tiempos de su juventud
y como en el día de su subida de la tierra de Egipto.»

—Oseas 2:15

Mi pastor, Roberto Candelario, tuvo el arrojo de admitir su inexperiencia en este campo de consejería y me puso en las manos del pastor Rigoberto Carrión para que fuera el instrumento de Dios para sanar mi familia. Las primeras cosas que este comenzó a trabajar en mí fueron las de índole emocional y espiritual. Empezamos por sacar todo aquello que me recordaba esa relación: regalos u obsequios que nos habíamos hecho, cartas, prendas de vestir, música en CD, un cuadro, artículos de joyería y fotos. Hicimos una pila de esas cosas y quemamos las que pudimos; las otras las tiramos a la basura. Pasé por un proceso de liberación espiritual donde rompí y confesé pactos que me ataban en espíritu a estos sentimientos y engaños. Una de las cosas que me ayudaron a enfocarme en mi sanidad fue reconocer que la culpa no era mía y que nunca me perteneció. Yo sí tenía que asumir la responsabilidad de mis hechos. La culpa te inutiliza y te deprime; la responsabilidad, en cambio, te mueve a la acción y te pone en una posición de crecer.

Otra cosa que hace mucho sentido, a la hora de quebrantar este tipo de pacto, es entender que cuando hay una unión carnal entre dos personas, se forma un tipo de lazo que la Biblia denomina «una carne». En este proceso se entrelazan decisiones, espíritus, almas y actitudes. Hay algo que se conoce como «transferencia de espíritu» y que sé que es muy real, pues yo mismo lo viví. No estoy implicando que literalmente un «espíritu sale» de una persona para entrar en otro, sino que la compenetración entre ambas personas es tal que hay una desintegración de la identidad propia para abrazar y adoptar la de otro. Esto sucede cuando se hacen lazos basándose en pactos.

> La culpa te inutiliza y te deprime; la responsabilidad, en cambio, te mueve a la acción y te pone en una posición de crecer.

Recordemos que estos son, en esencia, iniciativas de Dios hacia el hombre, y que el enemigo buscará la manera de imitarlos y desvirtuarlos.

Con el correr de los días, llegó el momento de confrontar a mi familia y confesarles mi pecado. ¿Dije pecado? Sí... pecado, pues no fue cuestión de «falta», «error», o «equivocación»; se llama *pecado*. Ese es el principio de la real sanidad: reconocer el pecado y no minimizar ni justificar sus consecuencias. Esa ha sido precisamente una de las cosas que más ha retrasado la sanidad de tanta gente: el no poder ser lo suficientemente humilde como para confesar sus pecados ni lo suficientemente valiente como para confrontar sus responsabilidades. Cuando digo «pecado», me estoy refiriendo a todo aquello que se sale del patrón y del orden establecido y diseñado por Dios.

Llegaron mis suegros de Puerto Rico y tuvimos una reunión de las más maravillosas de mi vida, en donde ellos me reiteraron su amor y su perdón incondicional. Luego, a las pocas semanas, vino mi papá con su esposa y fue igual de maravilloso. De hecho, en esta ocasión en que mi papá vino a verme, fue la primera vez que disfruté tanto de su compañía. Una de las cosas más significativas de ese viaje fue que por primera vez él puso sus manos en mi cabeza y me impartió «la bendición del primogénito». ¡Fue glorioso! Esa «bendición» fue más bien un acto simbólico que vino a establecer que mi papá retomó el lugar al que había abdicado.

Luego vino mi mamá y fue igual de precioso. Uno por uno mis amigos se fueron acercando y revelando sus corazones. La inmensa mayoría nos reiteraron su apoyo y amor. Hubo uno de ellos, el evangelista Iván Clemente, que es como mi hermano, que lloró y lloró tanto que jamás olvidaré el corazón con que me amó a través de eso. Mis hermanos carnales, igualmente, me cubrieron con su amor y protección.

Tampoco se hicieron esperar los «reporteros», que regaron la noticia a su manera. Estuve muy consciente de que fui la comidilla de muchos altares en Puerto Rico, y eso me mantuvo muy alejado de lo que pasaba allá. La última persona de mi familia con quien hablé fue con mi hija, que entonces contaba con solamente doce años.

Eran las once de la noche cuando regresaba de un servicio de oración de mi iglesia local, cuando vi a mi hija aún despierta. Casi inmediatamente el Espíritu Santo me dijo: «Ahora es el momento», y le dije: «Annie, necesito hablar contigo, llama a tu mamá». Por espacio de una hora me estuvo escuchando muy callada, y le conté lo que desde muy niño me había acontecido, hasta que le hablé de Juan, a quien ella había conocido. Algo que le enfaticé mucho fue el hecho de que este tipo de falta es objeto, a veces, de mucha burla y que, posiblemente, tendríamos que enfrentar malas actitudes de la gente hacia nosotros. Luego de haber terminado, le pregunté qué creía de lo que le hablé. Y ella, muy pausadamente, pareció ignorar por un momento mi ansiosa pregunta y, volteándose a su mamá, le preguntó: «Y tú, mami, ¿qué dices?».

Su mamá le respondió sin titubear: «Yo lo he perdonado, creo en lo que Dios está haciendo en él y lo apoyo en todo lo que haga». Mi hija, fijando sus ojos en ambos, nos dijo: «Pues yo estoy orgullosa de ustedes dos», e inmediatamente nos echamos a llorar, abrazados los tres y en la misma presencia del Espíritu Santo.

La adicción a las relaciones codependientes es tan fuerte como la de cualquier tipo de droga, en el sistema nervioso.

Como peritos cirujanos, el pastor Rigoberto y su esposa fueron abriendo incisiones en mi corazón que necesitaban ser expuestas para poder sanar. Comenzaron a enseñarme cómo identificar las mentiras satánicas en mi vida y a rechazarlas por medio de la Palabra de Dios. Una de las cosas que aprendí en esos primeros días, fue ignorar las imágenes que acudían a mi mente con frecuencia.

La adicción a las relaciones codependientes es tan fuerte como la de cualquier tipo de droga, en el sistema nervioso. De hecho, hay una teoría que dice que el cerebro produce unas sustancias llamadas «dopamina» y «endorfina» que se segregan durante momentos de excitación sexual y que son altamente adictivas. Podemos, entonces, añadir al hecho de nuestra lucha espiritual un factor neurológico y químico que nos coloca en una gran desventaja, a la hora de confrontar decisiones. Con todo, el peso de nuestra victoria reside en nuestra relación con Jesucristo y en el deseo de no perder la comunión con Él.

En una ocasión, escuché en una emisora de radio –y luego leí sobre eso– que las imágenes pornográficas se mantienen en el área consciente del cerebro alrededor de siete años; y debemos recordar que cuando uno se envuelve en una relación pecaminosa carnal, lo que se adhiere a su cerebro precisamente son imágenes.

Los pastores Carrión estuvieron con nosotros a diario, por casi un mes y medio. De veras que necesitábamos una mano fuerte que nos guiara a través de este proceso. Había comenzado el viaje de sanidad, y la primera parte, como todos los despegues, fue ascendente y muy empinada. Fue muy significativa la actitud que asumieron mis líderes y pastores en mi iglesia local. Me recibieron con brazos abiertos y amor incondicional. Eso, como más tarde aprendí a través del ministerio Exodus International, es vital en la recuperación de una persona que desea salir de la conducta homosexual, pues el fundamento de esta desviación es la mala o inadecuada relación que se tiene con gente del mismo sexo. Durante esos primeros meses, los pastores Carrión se convirtieron en verdaderos padres y consejeros que Dios usaba aun cuando el dolor y la vergüenza no me permitían ni siquiera orar.

Una de las cosas que fui entendiendo en este caminar fue que Dios, en su inmensa sabiduría y poder, había preordenado todos los detalles para mi recuperación. Todas las circunstancias que rodearon mi situación fueron puestas ahí: personas, pastores, amigos, congregación y recursos. Dios las fue enviando hasta que yo entendiera que su amor insistente me iba a cubrir como nunca antes. Hay cosas que solamente un quebrantamiento de muerte puede ayudarnos a entender.

En todo este proceso, mi esposa estaba observando, mientras la sanidad se efectuaba en mí. Sin embargo, ella misma necesitaba pasar un proceso para lograr su propia sanidad. Según el Dr. Ender Vargas me clarificó, una persona codependiente es quien participa de la conducta de dependencia de otro. En el caso de mi esposa Nany, al igual que en millones de mujeres codependientes, la tendencia al tener un esposo con *cualquier* tipo de adicción es cubrir y aún mentir e ignorar los hechos. Esto se debe, en gran parte, a que han hecho de sus matrimonios o de sus esposos el centro de sus vidas y, como ya sabemos, eso no es compatible con un Dios que desea ser todo en nuestras vidas. Es cierto que parece de primera intención un acto de fidelidad y amor pero, en realidad, al igual que yo, Nany estaba viviendo un autoengaño al pretender que las circunstancias se iban a ir por sí solas. Las veces que ella se enteraba de una de mis infidelidades, luego de sufrir y llorar mucho, me perdonaba y mantenía el hecho en silencio. Mujer, ¡no calles! Demuestra que estás en serio en esto de sanar y restaurar, hablando con gente que te puede ayudar.

Hay cosas que solamente un quebrantamiento de muerte puede ayudarnos a entender.

Las mujeres que comparten sus vidas con hombres adictos, ya sea al sexo, a algún tipo de sustancia o cualquier tipo de conducta dejan de ser esposas y se convierten en sus madres. Mujer, escucha: «¡Tú no eres su mamá! Deja de amamantar un niño inmaduro y háblale al hombre que está dormido dentro de él. Hay cosas que tú no puedes hacer porque sencillamente no eres el Espíritu Santo. Deja de echarte la responsabilidad que le toca a él». Muchas mujeres asumen las responsabilidades de sus esposos, hijas o hijos, pensando que están haciéndoles un favor o dándoles una muestra de amor, y lo que hacen es anular su posibilidad de despertar a sus responsabilidades.

Es impresionante la cantidad de esposas de ministros que, por estar tratando de darle «cobertura» a sus esposos, en realidad, están encubriendo sus pecados y su falta de hombría para reconocer que necesitan ayuda. Luego, en ministraciones, retiros y otras experiencias carismáticas, se ve a estas mujeres, y algunos hombres también, «caer» bajo el poder de Dios, llorar y quebrantarse de una forma tremenda y con todo eso regresar a sus estados de silencio y permisividad. No olvidemos que hay una gran diferencia entre *cubrir* y *encubrir*. Cuando *cubrimos* la falta, establecemos una diferencia entre el pecado y el pecador exponiendo lo primero y protegiendo al segundo. Por el contrario, cuando *encubrimos* la falta, hacemos tanto al pecador como al pecado una misma cosa. No hay diferencia entre ambos y, por tanto, no se puede confrontar.

Precisamente, aquellas cosas que mantenemos en secreto son las que le dan autoridad a las tinieblas o al enemigo de nuestra alma. Por esa razón, el salmista David fue tan enfático al decir: «Contra ti, contra ti solo he pecado, y he hecho lo malo delante de tus ojos; para que seas reconocido justo en tu palabra, y tenido por puro en tu juicio» (Salmo 51:4). Mientras callé, al igual que el salmista, mis huesos envejecieron a causa de mi gemir o de mi llanto interno (ver Salmo 32:3). Cada uno de nosotros tiene un llanto interno por causa del pecado y ese llanto es continuo. Aun cuando estamos pecando, clamamos en nuestro interior: «Señor, sácame de aquí». Dios oye esas oraciones y por eso

> Cada uno de nosotros tiene un llanto interno por causa del pecado y ese llanto es continuo.

ha delineado un plan divino para liberarnos de esa esclavitud. A continuación, les comentaré el modelo del plan de restauración para aquellos que han caído en este tipo de pecado, o cualquier otro, en contra del cuerpo.

Cuando somos ministros —entiéndase, pastores, predicadores, evangelistas, maestros, apóstoles, profetas o cualquier tipo de líder en nuestra iglesia— y cometemos un pecado sexual, hemos llevado el cuerpo que le *pertenece a Cristo* y lo hemos hecho *uno* con aquello con lo que nos hemos unido.

La Escritura lo que dice es que la unión sexual entre dos personas las hacen una sola carne. Es el proceso de «comunión» establecido por Dios mismo, pero tergiversado por el pecado. Esto ocurre en cualquiera que se envuelve en este tipo de pecado; pero estoy proponiendo que, nosotros los ministros, siendo personas de confianza en el reino y habiendo hecho un pacto de fidelidad con nuestro Dios, debemos nuestra confesión no solo a nuestros cónyuges, sino también al cuerpo al cual le hemos faltado. Yo sé que me expongo a ser malentendido en esta área porque la tendencia natural es querer «cubrir la falta» con «misericordia» y «proteger» la familia de un dolor mayor, pero no podemos confundir el cubrir con «encubrir»; la misericordia, con la «falta de justicia» y la protección, con la «ignorancia de los procesos de Dios». Con esto no estoy queriendo decir que ahora salgamos y a toda voz proclamemos lo que hemos hecho al primero que nos encontremos en el camino. ¡No! Sin embargo, el cuerpo tiene muchos miembros y, a algunos de ellos, Dios los ha capacitado para poder escuchar con el corazón del Espíritu Santo. ¡Ojalá fuera el pastor! Como dice Nany, no todo el mundo está llamado a exponerse de una manera explícita como nosotros lo hacemos, pero sí, estamos llamados a buscar gente del Cuerpo de Cristo para admitir nuestra necesidad. Ese es el principio de la sanidad.

Tiene que comprender, de una vez por todas, que *nada* va a detener a nuestro Padre a la hora de hacerle entender el amor incondicional que Él tiene hacia usted. Una de las cosas más difíciles es aceptar que está perdonado. Sí, aun cuando pecó, sabiendo que lo había hecho antes, aun cuando está tan consciente de a quienes hirió en el camino, está perdonado. Borrón y cuenta nueva. Limpio, como la más pura mota de algodón. Ante sus ojos, es el mismo niño o la niña que Él está dispuesto a abrazar y a mostrar el cariño y la ternura más sublime. Su amor es un amor violento; capaz de cambiar un trono puro rodeado de alabanzas por una cruz asquerosa, inundada de insultos y desprecios, con tal de hacerlo suyo. No va a poder alcanzar nada en su sanidad hasta que no haga suya esta verdad: Él le ama, y nada más importa. La fe no es fe hasta que sea lo único que nos sostiene. Después de haber recibido ese amor, mi tiempo con Él cambió radicalmente. Podía estar horas adorándolo y bendiciéndolo. Además, su voz se hacía cada vez más clara dentro de mí.

Una vez establecido en su corazón que su amor es la motivación más grande para cambiar, el próximo paso es llenarse del conocimiento de la Palabra y de aquellas cosas referidas al pecado que lo llevaron a alejarse de Él. Mi casa se convirtió en un centro de reunión para el entonces ministerio El Hijo Pródigo, en donde varios hombres y mujeres nos encontrábamos, los lunes en la noche, para recibir enseñanzas en torno a las raíces del pecado de la homosexualidad. Esto no quiere decir que *su* casa será un centro de ese tipo; pero sí, debe saber que puede haber un centro de ayuda para usted, cerca de su hogar.

> Su amor es un amor violento; capaz de cambiar un trono puro rodeado de alabanzas por una cruz asquerosa, inundada de insultos y desprecios, con tal de hacerlo suyo.

En estas reuniones, el pastor Carrión nos entrenaba y nos mostraba cómo fuimos cayendo en conductas y posturas equivocadas en torno a nosotros mismos, cómo hubo eventos que precipitaron unas decisiones en nuestra vida, y el fundamento en la Biblia para encontrar sanidad y tornarnos de cada una de esas mentiras hacia la verdad de Jesús. No puedo dejar de enfatizar la importancia de las palabras del salmista David, cuando decía: «Contra ti, contra ti solo he pecado, y he hecho lo malo delante de tus ojos» (Salmo 51:4).

Nosotros, tal como nuestros primeros padres, aún estamos jugando a las escondidas cuando ponemos excusas a nuestras iniquidades y rebeliones. Mi pastor Roberto Candelario dice: «Tus excusas te acusan», y esa verdad es tan relevante, especialmente, para aquellos cuyas caídas afectan a más gente, debido a sus responsabilidades o posiciones de liderazgo.

Confrontar las consecuencias del pecado es, tal vez, una de las cosas más difíciles que ser humano alguno podría encarar. Sin embargo, en mi viaje por el desierto de Dios, he entendido el principio de 2 Corintios 7:10: «Porque la tristeza que es según Dios produce arrepentimiento para salvación, de que no hay que arrepentirse; pero la tristeza del mundo produce muerte». Tenemos que revisar bien las cosas que a veces cantamos, porque ese cántico que dice «no puede estar triste un corazón que tiene a Cristo» no tiene una aplicación bíblica, en el contexto del trato de Dios con el creyente que se tiene que arrepentir de algo.

Cualquier pecado en la vida de un siervo de Dios que tiene influencia en el pueblo refleja sus consecuencias en la de una iglesia. Lo vemos bien claro en el relato de Acán, en Josué, capítulos 6 y 7, cuando luego de la batalla de Jericó, este se apodera de un «manto babilónico muy bueno, doscientos siclos de plata y un lingote de oro». Esto es interesante, porque Dios había dicho que la ciudad se convertiría en anatema o maldición y añadió que «toda la plata y el oro y los utensilios de bronce y de hierro serán consagrados a Jehová y entrarán en el tesoro de Jehová». ¿Sabías que tu sexualidad es considerada como un tesoro para el reino de Dios? Los utensilios, el oro y las demás cosas no tenían un mal en sí mismos, si no fuera por la manera en que estaban siendo usados por el anatema o maldición. Cuando fornicamos, adulteramos o cometemos pecado contra el propósito original de nuestra sexualidad, estamos «tomando del anatema» o sea, de la maldición del enemigo. Este hombre era descendiente de la tribu de Judá. En otras palabras, era un hombre relacionado con la vida de alabanza del pueblo y, por ser alguien de influencia, el pueblo entero padeció por causa de su pecado de rebelión e idolatría. Rebelión, porque el Señor ha hablado en torno a nuestra sexualidad y hemos ido en contra de la palabra dada por Dios; e idolatría porque hemos estimado más codiciable la creación que el Creador.

La crónica de esta historia nos narra cómo Acán fue llevado a un lugar en donde, junto a su familia y sus posesiones, fue apedreado y humillado públicamente. Esta era la peor pesadilla que yo, al menos, jamás hubiese querido vivir... y me tocó vivirlo. Pero la historia no acaba ahí. Vemos en Oseas, capítulo 2, que Dios lleva a esta mujer adúltera –que representa la gente de *su* pueblo que ha sido rebelde y desobediente a Él– a un terrible desierto, en medio de sequías y gran escasez, para poder «hablarle al corazón». ¿Sabe usted cuántas veces Él quiso hablarle y por estar tan ocupado con *su* obra no se detuvo a reflexionar dónde iban sus caminos?

Dios tiene que hacernos pasar por un desierto para que nuestro corazón esté atento a la única provisión que viene de Él. Esa, para muchos de nosotros, es la forma más directa de llamarnos la atención y de hacernos entender su mensaje. En los desiertos, donde no hay agua ni provisión alguna, es donde la voz de Dios nos recuerda quiénes somos. La identidad de Jesús fue puesta a prueba en el desierto; Moisés conoció a Dios allí; unas dunas más al frente, podemos ver la silueta delgada y solitaria de Agar junto a su pequeño que se queja de hambre y sed, para luego oír la promesa del ángel de hacer de Ismael una gran nación; Josué vio al ángel con la espada desenvainada que simboliza una revelación más profunda de Dios. Algo tiene Dios con los desiertos que nos llevan a conocer más de Él y de nosotros mismos.

Otra cosa realmente fascinante de este pasaje sobre Acán es que el valle en donde se llevó a cabo su apedreamiento se llamó el valle de Acor, que significa «turbación». Esa palabra describe a grandes rasgos lo que se siente al ser descubierto y sorprendido en medio de su pecado, y no solo eso, sino también, nos habla de ese pecado que mantuvo nuestras vidas turbadas y desviadas de su amor. Nuestro Dios nos llevó al desierto para que ese mismo valle de turbación, ese pecado que nos turbó y nos maldijo *nunca más* sea una maldición, sino que se convierta en una «puerta de esperanza». ¡Cuán lejos me parecía ver una esperanza, en medio de esta situación tan bochornosa! Sin embargo, en ese desierto terrible que sentí que me iba a matar, Dios habló a mi corazón y me llamó a cuentas, y me dio aquello que me turbaba como una puerta de esperanza para que otros entren a su presencia y, a la vez, escapen por su vida. ¡Gloria a Dios, por su provisión y su misericordia!

Pero no todo termina así, entre las cosas que Él le devuelve hay un cántico. Pienso que las canciones más refrescantes a los oídos del Señor son que las que salen de la boca de aquellos que lo reciben por primera vez. Es como cuando tu bebé dice «m-a-m-á» o «p-a-p-á» y quieres salir corriendo por la calle para que el mundo se entere de que está hablando y de que te reconoce. ¡Cuánto más crees que nuestro Dios atesora esas primeras canciones que brotan del alma recién nacida!

Quiero decirte que esa fue la canción que mi Dios me dio, *una vez más*, para cantar. La canción que empezó a salir de mis labios era de tal frescura que comencé a experimentar unas visitaciones gloriosas del Espíritu, en mis ratos a solas con Él.

Poco a poco, empecé a ver otras facetas del Señor que nunca antes me había percatado. Lo sentí acercarse con detalles de provisión y de amor como jamás imaginé. Durante esos primeros meses, tengo que testificar que nunca faltó *nada* en mi hogar. No me pregunte cómo, pero yo sé que Dios es un Dios que suple siempre la necesidad. Como dice mi amigo Iván Clemente: "yo no sé como Dios lo hace, pero sí sé que Dios lo hace".

Al cabo de tres meses, más o menos, comencé a tocar un sintetizador para dar una mano a los muchachos del ministerio de alabanza de mi iglesia. Para mí fue más que un privilegio poder servir, aunque sea en una labor sencilla como ésa. Comencé a arreglar y orquestar algunas canciones y quise participar más de lleno y conocerlos. Sin embargo, no me animaba a dirigir aún. Yo me había persuadido a mí mismo a esperar un proceso de muchos años, pero el Señor tenía otras cosas en mente.

Un día, uno de los directores del ministerio de música me dijo que necesitaban mi ayuda para dirigir, pues el director principal tuvo que tomarse unas vacaciones indefinidas. Yo le dije que me permitiera hablar con mi esposa y, por supuesto, con mis consejeros y pastores. Los tres estuvieron de acuerdo en que lo hiciera y así lo hice. Lo que sucedió a continuación fue algo que jamás olvidaré.

Ese día en que me tocaba dirigir, subí a la plataforma, tembloroso y ansioso por no dejar de oír la voz de mi Padre. Durante muchos meses estuve en mi casa orando y cantando solo, escuchándolo solamente a Él, sentándome a sus pies, en soledad; y ahora, de repente, el mismo escenario que en el pasado era como una pantalla donde ocultaba mi conflicto interior, sería mi «vitrina» en el espíritu para presentarme ante Él con todo un pueblo en alabanza y adoración.

Apenas estuve de pie unos cuantos segundos, cuando sentí un manto sobre mí, como si una investidura de arriba me cayera sobre los hombros, y comencé a hablar al pueblo entre sollozos, invitándolos a no perder un minuto de tiempo para adorarlo. Lloré de principio a fin, por la inmensa misericordia con la que estaba respirando el aire de su Espíritu. La libertad con la que fluimos todos en un cántico espontáneo fue tal que por momentos parecía que estábamos a orillas de un tempestuoso mar donde las olas golpeaban con fuerza las rocas.

La canción profética no se hizo esperar, y resonó en mis pulmones, una vez más, el aliento de una palabra del corazón de Dios para un pueblo sediento. A partir de ese día, supe, como nunca antes, que mi propósito en la vida era hacer exactamente eso que estaba haciendo: «ser un salmista que vibre en la frecuencia del corazón de Dios».

Durante los siguientes días, muchos predicadores vinieron a nuestra congregación a ministrar y, en muchas ocasiones, Dios tenía una palabra profética para mí y los míos. Casi siempre me confirmaba las mismas cosas: cómo las naciones me reclamaban y cómo mis hijos iban a ser de bendición a nuestra tierra. Mi Padre me rodeó de hermanos amados que han venido a ser como un cerco precioso que me sostiene en medio de mi desarrollo. Esto no quiere decir que a mi mente no llegan, en ocasiones, pensamientos impuros o deseos en contra de la sanidad que Él ha realizado. Pero ahora la historia es diferente, pues mi Señor me ha «desposado» o hecho pacto conmigo en fidelidad, enseñándome cómo serle fiel, en medio del torbellino de pensamientos. He aprendido que sólo puedo subsistir, si reconozco mi incapacidad de hacer *nada* sin Él.

PUNTOS DE INTERÉS:

❖ Mucho se está debatiendo en torno a las causas de la homosexualidad. En este libro estoy proponiendo que ella se desarrolla debido a una combinación de factores. Como mencioné al principio, toco estos temas, no con la idea de ser exhaustivo en su totalidad ni de hacer de este escrito un PDR* de esta conducta; pero sí, con la intención de dar esperanza a aquellos que muy dentro de sí mismos *saben* que la homosexualidad *no* es la alternativa para sus vidas. (*PDR, por sus siglas en inglés: Physician Desk Reference, un manual con las indicaciones y cualidades de diferentes medicamentos). A continuación, voy a mencionar de una forma muy breve, solamente un par de los hallazgos hechos en estos debates.

■ **Teoría de origen genético**: Establece que hay un «gen gay» que hace que la gente nazca «predispuesta» a ser homosexual. Está basada en estudios hechos por científicos gay (¡que coincidencia!) y ha sido publicada en los últimos años en diferentes revistas de ciencia, pero fue rechazada contundentemente por su metodología poco científica.

  ✳ Esa teoría se cae porque, si es cierto que existe un «gen gay», ¿cómo es posible que haya gemelos idénticos, y uno sea gay y el otro, no? Como todos debemos saber, los gemelos comparten idéntica estructura genética.

  ✳ La literatura sobre sexología, en general, muestra una inmensa cantidad de gente que cambia su orientación homosexual a heterosexual. Si fuera de origen genético, no habría esa alta incidencia de retomar la identidad original.

* En los casos de personas que nacen con ambos sexos (comúnmente llamadas hermafroditas), en la cultura occidental, en un 90%, ellas escogen la orientación sexual en la cual se criaron. Esto hace que el factor de ambiente sea el determinante para elegir su orientación sexual.

* Está establecido que la humanidad, en general, comparte de un 99.7% a un 99.9% de sus genes. Si esta teoría fuera cierta, entonces la homosexualidad tendría la misma incidencia y los mismos rasgos en el mundo entero; y es sabido que hay culturas en las cuales ni siquiera existe, mientras que en otras es hasta obligatoria.

■ **Teoría del efecto hormonal y la estructura cerebral**

* Estos estudios que se han hecho carecen de credibilidad en la comunidad científica, pues la evidencia es contundente de que, a pesar de un bombardeo de hormonas femeninas en las madres, la orientación sexual de sus hijos varones en nada fue afectada. De hecho, sí, hay pruebas de que las hormonas masculinas y femeninas afectan la intensidad y el deseo sexual; pero nunca, la orientación.

* Los científicos, en general, apenas han podido encontrar una diferencia entre la micro estructura del cerebro masculino y femenino adultos; por lo tanto,

APRENDER OTRA VEZ A CANTAR

mucho menos, en el cerebro de un homosexual. El cerebro femenino, como el masculino, muestran ser idénticos al nacer, y la única diferencia significativa es el tamaño, entre los dos y tres años. Gran parte del desarrollo cerebral corresponde a intercambios con estímulos, aprendizaje y experiencia.

■ Cabe mencionar, una vez más, que estos son meramente unos datos sueltos que aportan y arrojan un poco de luz al debate público sobre el tema. Si a usted le interesa tener evidencia científica al respecto y estudiarlo más a fondo, le sugiero las siguientes lecturas:

  ✳ *My Genes Made Me Do It!* por Dr. Neil E. Whitehead y Briar Whitehead

  ✳ *Restoring Sexual Identity* por Anne Paulk

  ✳ *No más homosexual* por William Consiglio

  ✳ *Gay Children, Straight Parents* por Richard Cohen

CÓMO AYUDAR A ALGUIEN A QUIEN AMO:

❖ Aunque mi experiencia no fue la de confesar mi lucha con la homosexualidad porque había escogido vivir ese «estilo de vida», sí pude aprender que muchos padres tienen terror de confrontar esa realidad en sus hijos. A continuación, quiero compartir algunos principios que he visto que pueden funcionar cuando los padres se enteran de que sus hijos adolescentes han optado por abrazar el estilo de vida gay.

■ **No se trata de «ser gay».**

  ✳ Los adolescentes se enfocan, especialmente, en el asunto de si son o no rechazados y no consideran los factores más profundos de esta situación. Las luchas en su relación con sus padres, con sus compañeros o pares y aún con su propia identidad son factores que han contribuido a autoproclamarse «gay». Las discusiones y batallas en contra de la homosexualidad ignoran los conflictos reales subyacentes.

* Los adolescentes saben que el anuncio de que son «gay» desatará una tormenta en su hogar, especialmente, si vienen de familias con raíces cristianas. Sin embargo, un ambiente de *genuino interés* por aprender y entender, en lugar de debatir, es algo que los desarma. Esta actitud deshace la rebelión potencial, aclara los asuntos subyacentes y mantiene una alianza con la familia. ¡La idea es no perderlos! De esa manera, se puede enfocar el verdadero tema y consecuencia de esta decisión: una desafortunada resolución que los llevará a años de dolorosa frustración y soledad.

* Lo cierto es que la mayoría de los jóvenes que «salen del closet» lo que esperan, en lo profundo de sus corazones, es que los padres tomen genuino interés de saber de dónde surgieron esos deseos y, de esa manera, marcar la diferencia entre el valor de sus hijos y las luchas propias de sus sentimientos. Un padre sabio debe hacerle claro a sus hijos que ellos valen por quienes son y, no, por lo que sienten.

■ **«Aceptar» no necesariamente significa «abrazar».**

✳ Los padres necesitan entender la realidad de que sus hijos sienten esa atracción por el mismo sexo, pero no tienen que abrazar el estilo de vida que sus hijos escojan.

✳ Esos sentimientos existen dentro de ellos y *son reales*. Sin embargo, el que ellos actúen conforme a esos sentimientos es otro asunto.

✳ Recalco una vez más, el joven necesita sentirse escuchado, aunque al padre no le guste lo que se está diciendo.

■ **Establezca su punto y ¡escuche!**

✳ El darles un «sermón» o una charla diaria o semanal de las implicaciones médicas, teológicas, psicológicas o sociales de la homosexualidad no va a ayudar a crear un puente entre usted y su hijo.

✳ Después del segundo sermón, ya su punto está establecido. Hasta ahora ningún adolescente ha testificado que «después del sermón número 1058, decidí cambiar».

■ **Acomódese, supervise y hágase a un lado.**

✳ Algunos padres se sienten perdidos por varias razones: su hijo les dice que él está en control de su sexualidad; se sienten que han fallado como padres y entienden que deben empezar de cero; la ansiedad los está llevando a perder el control. Hay algunas cosas que se pueden hacer y que obviamente van a depender de un montón de factores que hacen a cada familia única, pero aquí les incluyo una lista de cosas que generalmente pueden ayudar a intervenir, sin imponer.

* **Cero Internet.**

  * La remoción o supervisión estricta de la Internet contribuirá a reducir la exposición a las tentaciones e influencias externas, en esta lucha.

* **Aumentar la exposición a la identificación con el mismo sexo.**

  * Para los varones, la discusión de asuntos emocionales debe realizarse con el padre, en vez de la madre; y asimismo, las hijas necesitan reconectarse con su mamá.

  * Se debe animar y acomodar actividades o pasatiempos con el padre y amistades del mismo sexo.

  * El tener salidas o citas con gente del sexo opuesto no debe promoverse hasta que esos sentimientos de atracción al mismo sexo disminuyan.

* **No tenga temor de ser padre.**

  * Establecer «toques de queda» u horarios para estar en la casa aún es su prerrogativa como padre. Sin una disciplina en esa área, se puede crear un caos que conducirá a un desenfreno en la conducta.

✭ **Evite las discusiones sobre homosexualidad.**

- Este tipo de discusión lo que hace es crear distancias. Procure, por el contrario, tratar de comprender los asuntos subyacentes, los que no se ven a simple vista. Esto abrirá las puertas para hablar de cosas que por temor, quizás, en el pasado su hijo/a nunca le habló.

✭ **Haga que el adolescente sienta que sus esfuerzos están trabajando para él.**

- El joven no está cambiando solamente para complacer a sus padres.

- Si como padres hay cargas y pesar en este asunto, no lo ventilen con su hijo/a; busquen ayuda afuera.

✭ **Motivación, paciencia, compasión y amor.**

- Reconozca que, en muchas ocasiones, amar es quitarse de en medio.

- Usted no podrá cambiar a su hijo/a; solo el Espíritu Santo lo puede hacer.

Capítulo ocho

A punto de caminar...

«Cuando Jesús lo vio acostado, y supo que llevaba
mucho tiempo así, le dijo: ¿Quieres ser sano?»
—Juan 5:6

La rutina marcaba su estilo de vida. Siempre las mismas personas,
camino al mercado, lo saludaban en la mañana, los mismos niños
—cada cinco o seis años eran diferentes— le hacían burla, los mismos pordioseros —algunos se morían y llegaban otros— le hacían
compañía. El sol caliente durante el día y ese frío infernal nocturno
que quemaba los huesos eran algo que ya casi ni notaba. Treinta y
ocho años oyendo las mismas cosas: «Pobre muchacho; tanto potencial, pero no va a llegar a ningún lado... es paralítico». Ese estigma lo
perseguía desde que tenía uso de razón. Lo escuchaba cuando, siendo aún un bebé, su papá lo miraba frustrado al no poder ver realizados sus sueños deportistas; le martillaba en su mente de niño, cuando
veía a sus vecinos jugar con la pelota; le provocaba pesadillas cuando,
siendo un adolescente, se enamoraba de las chicas de su vecindad y
sabía que comentaban de él a sus espaldas. Lo atormentaba cuando

veía a otros adultos de su edad pasar por su lado de la mano con sus hijos y esposas, en dirección a sus casas, y él... en ese mismo rincón, olvidado e ignorado.

Entonces decidió no seguir luchando y se juntó con los que estaban como él: marginados e impedidos. Estos individuos le enseñaron el oficio de mendigar y, al cabo de poco tiempo, hablaba como ellos, pensaba como ellos, se comportaba como ellos. Lentamente, fue perdiendo su deseo de luchar en contra de sus sentimientos y fue adquiriendo el mismo gesto quejumbroso y sombrío de los demás mendigos que lo rodeaban. Fue en uno de esos días calurosos cuando oyó el relato de las aguas que sanaban. Con un rayo de esperanza se propuso llegar al lugar, dejando conocidos, amigos y aun familiares, y se arrastró como pudo para llegar a allá y ver si era posible lograr el sueño que unos pocos ya habían alcanzado: ser sanados, por fin. El único inconveniente era que él mismo tenía que llegar al lugar por sí mismo... ¡Ah! Y para colmo, para poder alcanzar la ansiada sanidad, había que llegar primero que docenas de otros que estaban haciendo fila con las mismas esperanzas y con el mismo fuego por ser sanados.

La ira de no poder salir de su encerramiento, la frustración de no saber cómo lograr llegar a tiempo, el dolor de sentirse solo entre tanta gente y la angustia de saber que, tal vez, tendría que morir así lo despertaban por la mañana y lo arrullaban en la noche. Día a día, las esperanzas morían y las excusas ahogaban su razonamiento: «No puedo hacerlo, a nadie le interesa, no hay quien me ayude, soy uno más entre tantos, tal vez nací para ser así...».

Cuando llegó ese día, todo parecía normal y rutinario; los arrítmicos pasos de los transeúntes y las acostumbradas maldiciones de los mismos que querían su milagro, a costa de los demás, eran los sonidos que rodeaban su ambiente. Vivían hambrientos en la casa del pan. ¿No les suena esto parecido a algunos de nosotros, que merodeamos la iglesia y no acabamos de reconocer nuestra búsqueda? Muchos esperamos el movimiento del agua del próximo predicador «ungido», de la próxima «ola» del Espíritu Santo, la próxima profecía y tantas otras cosas, para no acudir a la raíz de nuestro conflicto: el admitir que necesitamos un encuentro al desnudo con Jesús. Pero, tal vez, te preguntarás: ¿y qué, de mis experiencias espirituales con Él en el pasado? ¿No fueron, acaso, algún tipo de «encuentro» con Él? Pues, sí, pero yo te estoy hablando de una confrontación directa entre Jesús y tu pecado oculto, entre el Sanador y tu herida abierta.

Justamente, yo tenía treinta y ocho años, cuando Dios me dejó entrar en el desierto del quebrantamiento al ser expuesto en mi pecado. Igual que aquel paralítico, yo estaba lleno de excusas por mi condición: "fui abusado", "el divorcio de mis padres", "el estigma social", "la incomprensión de la gente", "la intolerancia de los cristianos", "Dios no humilla a nadie así", "otros están peor", "después de haber llegado tan lejos", "soy muy débil, después de todo soy solamente humano", "me afectó lo que me hicieron", "mi papá nunca me apoyó", y otras muchas parecidas.

Al igual que ese paralítico, nos arrastramos de esperanza en esperanza, y vivimos toda una vida tejiendo un manto de pretextos y justificaciones para explicar por qué seguimos acostados sobre nuestro fracaso. Me gusta ver a Jesús, observándolo entre tantos otros mendigos y preguntando por ahí cuánto tiempo había estado en esas condiciones. La Biblia dice «cuando supo», haciendo entender que posiblemente se lo dijeron o, quizás, fue un instante de revelación del Espíritu Santo. Lo cierto es que ese conocimiento lo llevó a la acción de acercarse, lo cual me hace pensar que a Dios sí le importa cuánto y hasta dónde hemos sufrido, y que hay propósitos aún para los que por mucho tiempo han perdido la esperanza de cambiar. No hay duda de que los sordos y los leprosos podían llegar al estanque durante el movimiento del agua, y aún los ciegos y otros enfermos podían de alguna manera encontrar el camino a tientas, pero ¿un paralítico?

Lo próximo que acontece después de que el Señor supo del tiempo que llevaba enfermo es que le hace una pregunta que de primera intención parece que es hasta sarcástica: «¿Quieres ser sano?».

«Un momentito por favor, Maestro, usted me perdona, pero me ofende la pregunta. ¿Que si quiero qué? ¿Pero no me ve? ¿Cree usted que me gusta lo que me está pasando?»; tal vez, esa hubiera sido nuestra reacción ante una pregunta tan simple. Pero la pregunta del Señor va más allá, incluso, de contestar con un mero «sí». Hay dos puntos importantes de ella que tocan el corazón de los que ansiamos sanar de nuestras heridas y luchas con el pecado: ¿De qué está lleno tu corazón, y hasta dónde estás dispuesto a llegar para alcanzar tu sanidad?

> ¿De qué está lleno tu corazón, y hasta dónde estás dispuesto a llegar para alcanzar tu sanidad?

Cuando el paralítico es confrontado con la fuente verdadera de la sanidad, su boca hablará de lo que abunda en su corazón, como bien dijo Jesús. Ante la posibilidad de la restauración total, su reacción fue la de un hombre con mentalidad de víctima. ¿Cuántas veces Dios ha tocado la puerta de nuestro corazón con respuestas y cambios, pero nosotros contestamos desde nuestro dolor y nuestra desesperanza? ¿Sabe qué indica eso? Lo poco que conocemos al Señor... ¡Oh, cuánto cantamos y oramos, y vamos a la iglesia, y hacemos obras de caridad, y predicamos y servimos, y cuando nos toca el tiempo de romper con nuestro pecado, llegamos al punto de justificar por qué seguimos paralíticos y estancados al lado de las aguas de salud! Jesús le dijo a la samaritana: «Si supieras quién es quien te pide de beber, tú le pedirías y él te daría agua que salta para vida eterna» (ver Juan 4:9-10). Es asombroso ver cómo nos agarramos de nuestras experiencias religiosas y de nuestra lista de justificaciones, cuando nos lanzan el reto de ser sanados. Escucha de los labios de este paralítico lo que sale de nuestros corazones con la pregunta de Dios: «No tengo quién me meta en el agua y cuando me muevo, por fin, se me adelanta alguien y me roba mi oportunidad» (paráfrasis del autor).

Primeramente, la tendencia del hombre es echarle la culpa a alguien más, por los resultados que ha obtenido hasta el momento: «Si mi papá me hubiera atendido, si no me hubieran abusado sexualmente, si mis padres no se hubieran divorciado, si en vez de criticarme me hubieran ayudado, la gente siempre me está señalando, si no se hubieran burlado de mí tanto cuando era un niño…» La mentalidad de víctima nos hace decir que a nadie le importa lo que nos pasa, nos hace enfocarnos en lo que no tenemos. Pensamos, primero, en la falta de *alguien* que nos ayude. Precisamente, esa búsqueda de «alguien» nos ha hecho caer en los abismos más profundos de depresión y angustia. Este hombre había pensado que tener a «alguien» que le ayudara a meterse en el estanque iba a colaborar en su sanidad. ¡¿Cuántas veces hemos recurrido a «alguien», y ese mismo alguien nos ha traicionado y hundido más en la mentalidad de víctima, solamente para volver al círculo vicioso de seguir buscando otro «alguien»?! Se me ocurre pensar que este paralítico, tal vez, pudo conseguir a «alguien» (enfermo también) que le ayudase a acercarse al estanque; y, cuando se presentó la oportunidad, ese alguien se aprovechó de su miseria y se le adelantó. ¿Le suena familiar?

La otra parte de esta respuesta nos muestra la tendencia que tenemos a estar comparándonos con los demás. Cuando otros son su punto de partida, siempre se va a ver en desventaja. Eso pasa mucho con los ministerios que están faltos de identidad. Siempre van a buscar compararse con otros y tratar de encontrar la «fórmula» que el otro encontró para llegar a donde llegó. Esa búsqueda nos va a llevar siempre a la desilusión y al fracaso porque el diseño que Dios trazó para esa vida no es el mismo que tiene para nosotros.

Me gusta la respuesta del Maestro, casi abruptamente interrumpiendo su letanía de quejas, cuando le dice: «Levántate». ¡Gloria a Dios! Lo primero que el paralítico va a hacer es obedecer un mandato. Jesús es quien da la orden: «¡Sal de tu postración, despégate del suelo, haz lo que nunca has hecho!» En ese momento, me imagino que en los cielos se activó ese poder que más adelante levantó de entre los muertos al Señor. Es notable que en esta ocasión, a diferencia del milagro de la niña que estaba muerta, Jesús no tomara al hombre de la mano; solamente desató la orden con sus palabras, porque el resto le tocaba hacerlo al mismo paralítico. ¿Puede oír la voz del Maestro decirle: «¡Levántate!»? ¿Cuánto ansía volver a caminar? ¿Hasta dónde está dispuesto a llegar, con tal de levantarse otra vez y ser libre? Olvídese de sus excusas, no lo han llevado a nada hasta ahora. Deje ir a los muertos de su pasado y dé el paso de creer que Dios se interesa por usted y por su cambio total.

En este tiempo, el Señor está abriendo una revelación al Cuerpo de Cristo. Nos está invitando a participar de su naturaleza divina y a ser sus manos, sus pies, y su voz para sanar a los quebrantados de corazón. La misma voz que le habló a aquel paralítico es la que cada vez con más fuerza se levanta hoy, a través de la Iglesia, para proclamar que en Cristo hay sanidad total de las cadenas del pasado.

Hay tantos que ocultan sus frustraciones y desesperanzas tras una doble vida, tratando de esconder la indecisión y confusión que tienen en cuanto a sus sentimientos, y el corazón del Padre se estremece de pasión por ellos. Hay esperanza de cambio para aquellos que han aprendido a vivir como mendigos. Muchos de los que hemos estado, también, al margen del camino, podemos alzar la voz y decir: «¡Yo sé cómo se siente; y al igual que yo, se puede poner de pie y caminar otra vez!».

Lo próximo que sucede, luego de esa orden seca de que nos paremos, es maravilloso. El Señor le dice: «Toma tu lecho y anda». Tres cosas en sucesión que cambian el curso de la historia de cualquiera que tiene un encuentro entre el Dios del cielo y su pecado o impedimento: movernos en fe, tomar lo que nos ataba debajo del brazo y seguir viviendo. Cuando se le dice al paralítico que tome su lecho, lo que el Maestro nos está diciendo es que tomemos las cosas que nos acomodaron al dolor: nuestras excusas, nuestra debilidad, nuestra maldición, nuestras marcas ante la sociedad, nuestros pensamientos conformistas, y los pongamos bajo nuestro control. Es curioso que Jesús no le haya dicho que se deshiciera de su lecho o se consiguiera otro nuevo. Eso muy bien podría significar que las luchas con nuestros pensamientos pasados, nuestra antigua forma de vivir y las cicatrices de nuestro caminar podrán estar con nosotros por el resto de la vida, pero... ¡nunca más nos controlarán!

Andar es sinónimo de salir de un estado y adentrarse en otro, moverse o avanzar en un nivel de vida que lo ponga a producir frutos. ¿Cuántos de nosotros hemos desperdiciado tiempo en lamentarnos y en sentir pena de nosotros mismos, sin haber tomado decisiones que nos lleven de un estado de inmovilidad a otro de productividad y crecimiento? Es muy importante reconocer que lo que Dios anhela, sobre todas las cosas, es ponernos sobre nuestros pies, una vez más, y llevarnos al destino que Él nos marcó. A Él no le interesan tanto las razones que nos llevaron a estar donde estamos ni tampoco se va a tomar la molestia de darnos explicaciones de por qué pasamos lo que pasamos. Nuestro Señor solo nos da un mandamiento y, si creemos y obedecemos, dejará que descubramos todo lo demás, después.

Recientemente, oí un relato sobre la hija de Sy Rogers, un ministro que Dios ha usado poderosamente en la restauración de hombres y mujeres marcados por la homosexualidad y que me cautivó profundamente. Cuenta Sy que a su hija, de entonces cinco años, le encantaban los ángeles de cerámica y que tenía uno, en particular, que era su favorito. Este ángel era muy distinto de los demás porque, entre otras cosas, tenía una falda o enagua que le cubría sus piernas, unos colores muy poco ortodoxos, para ser un ángel, además de un estilo de peinado que lo menos que tenía era de angelical, pero sus alas eran de plumas y, después de todo, era evidente que era un ángel. Para evitar que se rompiera, Sy decide ponerlo en un estante bastante alto, y así protegerlo del uso continuo. Un día estaban jugando ambos, correteando por toda la casa, y la hijita de Sy que, según él, tenía una tremenda fortaleza física, se echó hacia atrás, dispuesta a asestarle un golpe a su contrincante. Su padre, preparándose, se cubrió con sus brazos y al tratar de esquivar el terrible ataque, golpeó sin querer el estante en donde estaba el ángel. Por unos segundos, la figura se balanceó en el borde de la tabla de madera, hasta que perdió su batalla con la ley de la gravedad, y mientras iba en picada hacia abajo en «cámara lenta», gritaban: «¡Noooooo!». Mientras trataban de llegar antes de que tocara el suelo, de repente, se oye el estruendo de mil pedazos de cerámica. Ambos se quedaron boquiabiertos por un segundo, viendo tal destrozo. Ella le dijo a su papá: «Mira lo que hiciste, ¡lo mataste!». Con mucha diligencia, Sy se dispuso a arreglar tal desastre y pegó los pedazos con esmero. Cuando le presentó a su hija el pequeño Frankestein que había inventado, le dijo inmediatamente: «No tienes por qué aceptarlo, si no quieres. Con gusto, iré a la tienda y te compraré otro porque este está muy maltrecho y tiene muchas imperfecciones». La niña abrazó al ángel y, muy seria, le dijo a su padre: «A pesar de que está tan golpeado, no por eso dejo de quererlo ni deja de ser mi favorito». ¿Me explico?

Nuestras vidas han sido sacudidas, a veces, por situaciones y dolores que nos han marcado y que en tantas ocasiones nos dejaron hechos pedazos; pero el amor del Padre por sus criaturas es tal que a Él no le importa el aspecto o las tantas cicatrices que podamos tener. Sabe que, a veces, estamos al borde del camino, en la orilla del estanque, y que no nos quedan más fuerzas para avanzar; que esas mismas marcas nos hacen decir y hacer disparates, o tener tropiezos que, como dice la Escritura, son necesarios para crecer, para que averigüemos cuán grande amor nos tiene el Señor o, simplemente, para hacernos las personas que somos, dependientes y desesperados por Él.

Estas son cosas que les suceden a tantos líderes en el Cuerpo de Cristo y no acaban de comprender cómo han caído, en ocasiones, en el autoengaño. Los seres humanos somos capaces de tejer unas redes de circunstancias y justificaciones a nuestras faltas y pecados, tratando de delegar o transferir la responsabilidad a «otros». Cada vez, van cayendo como moscas los grandes «pilares» o «baluartes» de nuestra cultura cristiana, que en un pasado fueron mirados desde la multitud como ejemplos de servicio y pasión por Cristo. Es curioso que, en efecto, siendo tan usados por Dios y a la vez conocidos, puedan estar viviendo una decadente mentira; y el Padre, en su celo amoroso, les permite pasar por esos tragos de muerte y de quebrantamiento, pues los ama más que todas las cosas que ellos han hecho por Él.

Cada vez más se hace imperantemente necesario el que se levante una Iglesia de restauración y de identificación con el carácter de la gracia del Cristo manifestado en gloria. La gracia no se compromete con los valores religiosos ni las disciplinas infantiles de aquellos que aún viven bajo la ley de los méritos humanos.

Cuando un líder cae y afecta a tanta gente es tan común encontrar tantos dedos acusadores y filósofos de las causas, analistas de los caracteres del hombre y se olvidan de que hay un Dios que ve. Si tan sólo ese Dios un día decidiera también exponer el pecado de cada uno de los que acusan o "analizan" los procesos de otros, la cosa sería diferente. ¿Quién puede oír la voz del Padre diciendo: Que tal si yo hoy expongo *tu* pecado al pueblo tal y como pretendes tú hacerlo con tu prójimo? La única diferencia sería que Dios aún no ha expuesto tu pecado a los ojos de los demás. Si esa es la realidad final de todos, entonces, ¿quiénes nos creemos nosotros para andar señalando a los que están tirados junto a las aguas del estanque? ¿No sería mejor que mires tus heridas siendo sanadas y te enrolles las mangas de tu camisa y empieces a llevarlos en brazos hasta cerca de las aguas?

Cuando un líder cae y afecta a tanta gente es tan común encontrar tantos dedos acusadores y filósofos de las causas, analistas de los caracteres del hombre y se olvidan de que hay un Dios que ve.

Cristo ha puesto en nosotros una unción que no es para nosotros, sino para los demás. Para los que buscamos caminar como Él, se nos ha provisto un Cuerpo, una iglesia, un refugio en donde podemos escuchar su voz y abandonar los años de soledad y aislamiento que nos han impedido caminar con nuestros lechos bajo el brazo...

Aún quedan muchas áreas que ordenar y sanar de nuestras vidas; sobre todo, nos queda mucho por conocer de nuestro Señor y Sanador. Mientras tanto, lo animo a que inicie un proceso glorioso de restauración en su vida y crea que se ha provisto, desde ya, un vehículo para ser sanado. No se abrace más a la excusa de que la Iglesia no va a entender. El hombre paralítico fue cuestionado en su sanidad por la propia gente religiosa, por el pueblo del Señor. Muchos pretenden que Dios sane en tiempos específicos, y en su arrogante expresión religiosa, ponen en duda la sinceridad de su deseo de caminar y de su soberanía para hacer las cosas. Es «sábado», no le es lícito; este no es el tiempo de caminar, todavía no... Por favor, escuche la voz del paralítico —perdón, del «ex paralítico»— en su reveladora verdad, que muy bien puede ser su voz declarando el continuo proceso de conocerlo: *«El que me sanó me dijo: toma tu lecho y anda».*

Capítulo nueve

Somos libres por su libertad
Por Nany Hernández

«Así que, si el Hijo os libertare,
seréis verdaderamente libres.»
—Juan 8:36

Amado lector, estas breves palabras están escritas con un pedazo de mi corazón, el cual vive en un profundo agradecimiento a Dios. Puedo asegurarle que no siempre fue así. Años atrás, no tenía ni la más mínima idea de lo que Dios quería trabajar en mí. No conocía ni siquiera mi propia necesidad. Seguramente, por no tener en claro mi identidad en Dios, mi visión estaba nublada y mis emociones estaban reinando en mi vida. Mi Dios, con su mano de amor, me ha ido enseñando, poco a poco, en algunas áreas de mi corazón, con el fin de trabajarlas y restaurarlas para su gloria. Puedo reconocer que tengo sentimientos, pero ellos no necesariamente manejan mi destino...

como lo hacían antes. Esto tampoco significa que he alcanzado la plenitud. Al contrario, ¡me parece que estoy empezando!

Es increíble cómo las cosas cambian, cómo cambiamos nosotros. Después de haber hecho mi parte para el libro, he reconsiderado todo lo que antes había escrito, y esto me ha hecho llorar delante de la presencia de Dios y pedirle que me ayude a ser tan transparente como mi esposo lo ha sido. Mas el llanto no ha sido de dolor, sino de agradecimiento por lo que Él ha hecho conmigo y con nosotros.

Tuve un gran ejemplo de transparencia en mi esposo. Hasta ahora, no he conocido ser humano más abierto y sincero. Para mí no fue nada fácil, al comienzo. Descubrí en mí cierta incomodidad al verme en la obligación de recordar el pasado. Me había estado escondiendo detrás de la experiencia de mi esposo para evitar probarme a mí misma si todavía me dolían los recuerdos. Mi zona de comodidad fue jamaqueada (como hubiera dicho mi abuelo) simplemente para demostrarme que mi vida había recibido un cambio permanente. ¡A veces, es tan confortable y segura esa zona de comodidad! Es tan suave la almohada de «todo está bien» y «no traigas a la memoria las cosas pasadas». Mi pobre interpretación de ese versículo bíblico, por poco se convierte en una gran excusa para no dejar ver al lector que yo, también, tengo una parte en esta historia, que puede ser de ayuda para muchos.

Una de las maneras más evidentes de demostrar que has recibido sanidad es poder hablar de las experiencias vividas, sin sentir dolor. Sobre la base de esa premisa, puedo ciertamente decir que sí la he recibido. El ser transparente es algo que parece tener un costo muy alto; sin embargo, su fruto fue, para Charlie y para mí, una incomparable sensación de libertad.

Pero permítame contarle un poco acerca de mí y de cómo el Dios soberano puede trabajar en una vida como la mía.

La vida es un proceso

Al haber nacido en el seno de una familia evangélica, recibí mucha instrucción bíblica, bastante como para creer que era suficiente ese conocimiento para tener una vida feliz y llena de buenas experiencias. Mi niñez nunca careció de servicios religiosos, eventos de iglesia y compromisos con el ministerio de los Heraldos Melódicos, del cual mis padres eran miembros. Mi cabeza estaba llena de pasajes bíblicos, no entendía que la información no es lo mismo que la revelación. Es bueno saber, pero mejor es conocer. Tenía mucha religión, mas no había llegado a tener una vida de profunda comunión con Dios. El tiempo pasaba, y sentía como si corriera a toda prisa un largo camino que no llegaba a ningún lugar. En esos días empecé a entender que necesitaba un real encuentro con el Dios vivo. Y así, estando muerta, Él se dignó darme vida desde mucho antes de mi propia existencia en este mundo. Me marcó como suya y, poco a poco, he ido comprendiendo que nada ni nadie me puede arrebatar de Su mano.

Siempre que escuchaba la palabra «proceso», pensaba en esa máquina procesadora que se utiliza en las cocinas, que tritura todo con el fin de integrar los alimentos y hacer una sabrosa receta. ¡Nunca me gustó la palabrita proceso! Llegué una vez a referirme a ella como una «mala palabra». Mi actitud no era de gran ayuda y, por mucho tiempo, me resistí al proceso de Dios. ¡Él ha sido tan paciente conmigo! Pienso en todas las veces en que me sentía frustrada, confundida y menospreciada por los que amaba. Era en esos momentos, cuando no podía ni siquiera orar, que sentía cómo Él me llevaba de la mano y hasta, en ocasiones, me cargaba en sus brazos.

Precisamente, en esos momentos de prueba, era que la Palabra de Dios afloraba a mi mente y sustentaba mi corazón. Entonces, poco a poco, llegaba a comprender lo maravilloso de tener la Escritura sembrada en mi mente desde muy temprana edad, ya que siempre estaremos viviendo algún proceso. Para siempre necesitaré la Palabra de Dios para llenar mi mente y mi corazón. A lo largo de estos años, mi vida ha sido un torbellino de experiencias que me han hecho más fuerte y más madura en muchas áreas.

SUPE LO QUE ERA EL ACOSO SEXUAL

Siendo una niña de once años, mi deseo de aprender música era grande y le pedí a mis padres que me llevaran a tomar clases de guitarra. Mi papá se dio a la tarea de conseguirme un maestro que me enseñara bien. Esta persona era muy conocida y tenía una academia para principiantes. Así fue como tuve mi primera guitarra y mi «fiebre» de practicar todos los días. Tanto estudiaba que un día mi mamá me pidió: «Por favor, ¡dale un descanso a esa guitarra, que me está volviendo loca!». Claro, al inicio yo no tocaba muy bien y trataba de aprender los ritmos y el sonsonete del errático sonido de las cuerdas, que encrespaban los nervios tanto de ella como de mi papá. Aun así, yo seguía tratando, hasta que fui mejorando notablemente.

Recuerdo el día en que dominé el ritmo de joropo que me habían asignado. ¡Estaba tan contenta con mis clases y con mi progreso! Feliz, hasta ese sábado en que viví la experiencia que vino a cambiar muchas cosas en mí. Este hombre que tanto admiraba, que me había enseñado mis primeros tonos de guitarra, tuvo un avance de sensualidad conmigo. Sucedió un sábado, en la clase, y desgraciadamente ese día yo era la única estudiante en el salón, lo cual me hacía presa fácil. Recuerdo que estaba allí su hija, en un corralito. Solo tenía unos meses de edad y la habían dejado a su cuidado. Esta pequeñita fue testigo silente de esta situación tan desagradable. Quiso que yo probara unos perfumes que él vendía e insistía el oler mi cuello solo para, supuestamente, saber si me quedaban bien. Se acercaba a mí y yo sentía una gran confusión y un susto muy grande porque podía percibir que él no tenía buenas intenciones. A mi corta edad, yo sabía que eso no estaba bien y le dije que quería irme de allí. Tomé mi instrumento y sin haber terminado la clase me fui a esperar a mi papá a la esquina de la calle. De más está decir que no quise volver a la academia de música. Nunca quise decir a mis padres la razón de esa decisión, pero ellos estaban consternados por mi negativa. No tuve el valor de contar el incidente por temor a ser culpada de algo.

Ahora, en mi adultez, entiendo que seguramente ellos me habrían apoyado, mas yo le tenía mucho miedo a la confrontación y a su reacción. Ese fue el principio de un sentimiento que no existía en mi sano corazón de niña. Al mismo tiempo, despertaba en mí una morbosa curiosidad que fue el comienzo de otras cosas que me llevaron a conocer más adelante lo que era el deseo y las pasiones desordenadas.

¿Cómo una niña, de un momento a otro, cambia de parecer? ¿Cómo es posible —me decían— que ya no quieras estudiar guitarra?

En las páginas de este libro, encontrará que mi esposo Charlie habla acerca de los depredadores. No pretendo comparar su experiencia con la mía, sino explicarle lo fácil que se me hizo entender a Charlie cuando lo conocí y me contó de su situación. En algún grado, yo también fui expuesta a cierta intimidad distorsionada y, tristemente, fue por un amigo de mis padres, alguien a quien yo admiraba. Aun sabiendo que tenía el potencial para tocar bien el instrumento y, quizás, llegar a hacer una gran carrera musical, empecé a ver tronchado mi sueño. De ese momento de mi vida, también floreció un deseo muy intenso en mi corazón, y oraba así: «Por favor, Señor, me gustaría casarme con un músico. Que sea muy talentoso, así como yo una vez deseé serlo».

MI ADOLESCENCIA

¿Ha pensado en su adolescencia? La mía fue muy activa y llena de buenos recuerdos, pero también, de grandes errores. Quizás, al mirar su pasado, encuentre que hizo o dejó de hacer cosas, y le ha costado mucho perdonarse. Estoy convencida de que Dios ya ha sanado mis heridas del pasado. Soy nueva en Él y puedo hablarlo reconociendo que, aunque fui herida y mi corazón se distorsionó, al mismo tiempo, eso creó una empatía en mí hacia Charlie, al tiempo de conocernos. Puede que le suene extraño, pero ahora le doy gracias a Dios por todo lo que he vivido hasta el presente, aun las malas experiencias. Especialmente, aquellas que fueron tan difíciles, ya que ellas me han enseñado a considerar a otros. Estoy convencida de que mucho de lo que sé ahora se lo debo a las lágrimas y a las risas del pasado. Sin embargo, lo que soy como mujer se lo debo a Dios, quien me puso un nuevo corazón para asimilar mi pasado y aprender de él. ¿A qué le da más crédito en su vida: al pasado o a lo que Dios dice que usted es?

Mi adolescencia estuvo llena de búsquedas. Era como ir al supermercado, sin saber lo que quiere comprar. Antes no lo sabía, pero ahora comprendo que estaba en una constante búsqueda de aprobación, de amor y de atención. Cuando me aburría de una relación, me retiraba poco a poco e iniciaba otra y otra y otra…

Tuve muy pocas amistades significativas; ellas siempre toleraron mis locuras y me consideraban alegre, con grandes deseos de aprender y de ser excelente en lo que me gustaba hacer. Creo que por eso eran mis amigos. Nunca vieron la Nany a la que le costaba estudiar en la escuela, la que detestaba las matemáticas y la que, para los maestros, siempre podría hacer mejor trabajo. Andaba en las nubes creando algún dibujo, pensando en alguna melodía romántica de Chicago o planificando mi próxima actividad con el grupo de la patrulla aérea civil o de los exploradores. Al mismo tiempo, Dios se encargaba de hablar a mi corazón. Los campamentos de verano y las actividades de la Iglesia fueron la pasión de mi vida por varios años.

En un punto de mis diecisiete años, caminaba entre lo mundano y lo divino, haciendo mis «maldades» a escondidas de mis padres y yendo a la iglesia. Tenía una vida llena de religión; a veces, con ataques de remordimiento y muy poco arrepentimiento. En esa época, conocí a Charlie Hernandez.

¿Quién es ese joven?

Todavía sonrío al recordar cómo nos conocimos y la mala impresión que tuve de Charlie la primera vez que lo vi. Yo, como algunas jovencitas de dieciocho años, estaba pendiente del nuevo joven que llegaba a la congregación; hacía mi trabajo, mirando disimuladamente al nuevo «ovejo».

«¡Vilma! –le dije a mi amiga de la adolescencia– ¿no te parece guapo ese muchacho?».Ella me animó para que me acercara a saludarlo, pero interpreté el lenguaje de su cuerpo como «este joven prepotente y sabelotodo que se creía la última soda del desierto». Me parece verlo ahora mismo, caminando derechito hacia su madre, diciéndole que tenía prisa por irse de la iglesia. Recuerdo mi vida con tantas inseguridades, con tanto que esconder, con mi deseo de ser amada y reconocida. Sin embargo, me consideraba una muchacha inteligente, así que no me dejé llevar por esa primera impresión. «¡Algo bueno debe de tener! ¡Es tan guapo!»

En muy poco tiempo descubrí que Charlie tenía una personalidad que me gustaba. Era músico de gran talento, inteligente, sensible, un gran conversador y un tanto bohemio como yo. Flautista y cantante de un grupo de nueva trova, estudiante del Conservatorio de Música. Con esta descripción, ya puede imaginar mi fascinación al conocerlo en aquel momento. Siempre le había pedido a Dios un joven músico, pues mi pasión por la música ha sido grande. La llevo en las venas por herencia de mis padres. Mi mamá es una impresionante soprano que en su juventud perteneció al Coro de Bayamón. Mi padre, barítono y miembro fundador de los Heraldos Melódicos. Mi tía Zoraida tocaba piano; mi abuelo materno, Sarrail Archilla, fue reconocido el maestro del cuatro, en Puerto Rico; y el paterno también tocaba cuatro puertorriqueño.

Al principio de mi relación con Charlie, establecimos una amistad y completa apertura que todavía está muy viva. Esa fue una clave para subsanar muchas heridas. Siempre he creído que me casé con mi mejor amigo. Recuerdo las largas horas de conversaciones, sobre diversos e interesantes temas que nos llevaban a amanecer en el teléfono o en algún lugar del Viejo San Juan. Fue cuestión de tiempo para que la relación de amistad se convirtiera en noviazgo. Por primera vez en mi casa, un muchacho era aceptado y amado por mis padres. Tanto fue así que pudimos viajar juntos con Edwin Cotto a Pensilvania, en un viaje de apoyo misionero, por casi dos meses, y no hubo problemas con mis padres.

En ese período, Charlie estuvo luchando con su deseo de tocar música exclusivamente para el Señor. Dejó el grupo secular para dedicarse a componer música cristiana.

Admiraba su vena autodidacta. De hecho, cuando éramos novios, él no tocaba el piano y tanto deseaba aprender que se sentaba por largas horas a practicar en el de la iglesia. Con su esfuerzo, lo logró. Siempre ha sido muy emprendedor. Esa cualidad es algo que Dios le regaló y él ha utilizado muy bien.

Por mi parte, decidí continuar mi formación en la Universidad Interamericana. Empecé a estudiar Educación y me incliné por la educación especial. En aquel momento no sabía que, unos años después, mi carrera sería practicada muy intensamente con mis propios niños. ¡Cuán maravilloso es nuestro Dios, que nos guía en todo, con un propósito definido! Él conocía mi futuro y sabía que más adelante sería necesario ese conocimiento.

Esos cuatro años de noviazgo fueron llenos de gratas experiencias. Charlie Hernández era todo lo que yo le había pedido a Dios. Estaba tan enamorada de este hombre que, aunque me había confesado sus experiencias y tentaciones homosexuales (lo cual era una añadidura que no me gustaba para nada), me hacía sentir aceptada y respetada por quien yo era. Sin embargo, me había propuesto pasar por alto todas sus confesiones y estaba decidida a ser su agente de cambio. Ahí comenzó todo mi error.

En aquellos años, pensé que mi amor cambiaría su orientación sexual, lo cual está de la mano con la identidad. Por un período de quince años estuvimos en tremendas altas y bajas en nuestra relación como pareja. Llegaron nuestros hijos, que tenían necesidades muy especiales y nos mantenían bastante ocupados a los dos. Vivíamos en un sube y baja de emociones y, en varias ocasiones, nos vimos al borde del abismo. Muchas veces pensé que el haberme casado con Charlie había sido un gran error. Sin embargo, cada vez que oraba y le pedía a Dios dirección para lo que debía hacer, me hablaba suavemente a mi corazón diciéndome: «Tranquila, yo estoy en la situación. Déjame trabajar con tu vida y con Charlie. Ustedes son míos, yo los levantaré». Esa constante promesa era lo que me mantenía unida a mi esposo.

Yo tenía la convicción de que Charlie era un hombre que amaba a Dios y de que algo milagroso ocurriría en él. El tiempo pasaba, y yo quería arreglar las cosas por mis propios medios. Llegué a hacerme preguntas desesperadas tales como: «¿Qué tan repugnante puedo ser yo para que él no pueda amarme y serme fiel como yo he decidido hacerlo con él? ¡Estoy atrapada! ¡No hay manera de buscar ayuda! ¿Quién va a entenderme? ¿Cómo alguien podría aconsejarme si no ha pasado por esta situación? ¿Cómo reaccionarían mis seres queridos al enterarse de algo como esto? ¿Qué sucedería si me infectara de alguna enfermedad, por su culpa?». Estas fueron las preguntas más comunes... las que muchas veces me hice y no encontraba respuestas.

¿Alguna vez ha querido cambiar a alguien?

¿Acaso no sabe que solo nuestro Dios es capaz de eso? Ahora puedo verlo claramente. Todo era una cuestión de control y de jugar el papel de «salvadora», sin comprender que eran esfuerzos inútiles. Lo repito nuevamente: No puede hacer nada por cambiar a alguien, eso es trabajo de Dios. Él le dio su identidad desde el primer momento en que lo señaló como suyo y, como tal, nadie puede arrebatarlo de su mano. Yo me atreví a querer darle vacaciones al Espíritu Santo, y no me fue bien.

Mi intención es que entienda que cuando Dios tiene un plan con su vida, trabaja con su corazón. Aun así, cuando no lo entiende en su totalidad, Él le da la capacidad de perdonar y seguir adelante. Él espera pacientemente por usted y por mí, hasta que lleguemos a comprender quiénes somos en Él. Cuando no sabe quién es en Dios y qué capacidades ha heredado de Él, no puede poner en acción el don de perdonar como Dios lo hace. Ni siquiera, de entender su propósito. No

Cuando Dios tiene un plan con su vida, trabaja con su corazón.

pretendo decir que lo sabemos todo..., pero sí, sé que Él perfecciona su obra hasta el día de su llegada.

Entonces, un día «nos amanece». Para mí es como despertar de un sueño profundo y descubrir que hay luz del día. Fue cuando escuché la secreta conversación de mi esposo y su amigo. ¿Qué sentí? Puedo compararlo como cuando uno está en una montaña rusa y su cuerpo siente el efecto de la gravedad al caer. Así me sentí. Mi voz se opacó, y mis ojos se llenaron de lágrimas. Esa sensación de vacío me duró por muchas horas hasta que, en un momento, Josean, nuestro hijo pequeño, pasó frente a mí. En ese entonces, él no tenía buen contacto visual, como parte de su condición autista. Sin embargo, yo creo que Dios permitió que sus ojitos se fijaran en los míos por unos instantes, y me miró muy fijamente; tanto que sentí que me traspasaba el corazón por completo. Ahí recibí la voz del Espíritu Santo en mi corazón, diciéndome: «¿Y ahora, qué, Nany? ¿A dónde vas a correr? ¿Qué quieres hacer ahora para controlar una vez más la situación? Aquí estoy, y te hago fuerte para que protejas a tus hijos, pero déjame trabajar con Charlie. Saca tus manos de su vida y deja que las mías lo reparen». Entonces, mi vida se llenó de una paz que no puedo explicar. Era como si Dios me hubiese puesto un tranquilizante y me hubiese dado la capacidad de ver las cosas de una manera objetiva y con un mínimo de dolor. ¿Imposible? Para Él no hay nada imposible. Ahí lo supe, ahí lo viví. Me llevó a pensar que tanto yo como mi esposo y, especialmente, mis hijos estaban en sus manos, y que Él protegería nuestros corazones.

¿Ha llegado al punto de sacar las manos de su situación? En ese momento uno se da cuenta de que no es por su esfuerzo, sino por el Espíritu Santo; de que ha sido escogido para ser bendecido y para ser de bendición a los que están a su lado, no para manejarlos.

Así fue el día en que me amaneció. Ese día supe que mi vida había querido controlar, que quise jugar el papel de «madre protectora» con mi esposo, encubriéndolo. No es lo mismo «cubrir» que «encubrir». Encubrimos, cuando creemos que la solución es esconder y olvidar; no tocar; ignorar la realidad que vivimos, con el íntimo deseo de que desaparezca de una buena vez. Cubrir es lo que hace Dios. Es una acción de misericordia que le muestra su situación tal cual es y la sana. Cuando Dios lo cubre, lo alivia, lo sana, lo restaura y lo hace nuevo.

LECCIONES QUE APRENDÍ EN EL CAMINO

No digas: «Te entiendo perfectamente». Alguna que otra vez, cometí el error de decirle a alguna mujer que vivía una situación parecida a la que yo había vivido: «¡Yo sé cómo te sientes!» o «Sé por lo que estás pasando». Creo que lo decía porque, al menos para mí, era otra forma de sentir que estaba en control y que le impartiría confianza en su situación particular. Ahora comprendo que nadie, ni siquiera los que hemos experimentado situaciones similares, sabemos lo que sienten los demás. Sería demasiado pretencioso de mi parte querer asegurar a otros que tengo todas las respuestas. He aprendido a decir: «No sé cómo te sientes, pero conozco a uno que sí sabe exactamente lo que necesitas: tu creador, Dios».

Cuando Dios lo cubre,
lo alivia, lo sana,
lo restaura
y lo hace nuevo.

Esta acción de servir me ayudó a mantener mi mente ocupada. Podemos orar, suplir necesidades de la gente, interesarnos genuinamente; *pero no resolverle los problemas.* No tome esto que digo como si me estuviera «zapateando» o, en otras palabras, queriendo zafar de ayudar a alguien en necesidad. Jamás tendría eso en mi corazón, después de haber tenido el apoyo y la ayuda de personas como Rigoberto y Sonia Carrión y el grupo de apoyo Los Hijos del Padre. Hubo gente que me bendijo en mis momentos de confusión, como nuestra iglesia del Centro de la Familia Cristiana en Orlando, Florida, y muchos amigos que nos llamaron y se comunicaron con nosotros. No con el deseo de conocer el último «bochinche» de Charlie y Nany, sino con un verdadero gesto de amor y comprensión, como Sy Rogers, por ejemplo. Un día, este hombre de Dios se acercó a Charlie y a mí en uno de los congresos de redención sexual y nos dijo: «Hasta este momento no había conocido una pareja con tantas habilidades y tanto que compartir. ¡Dios les ha impartido una autoridad en lo que han vivido!». Mary Ann Hastings, fue otra persona de gran ayuda para mí, al traer una serie de estudios que me hacían ver claramente cuál era mi papel en la sanidad de mi esposo. Tuve grandes ayudas y magníficos consejeros, mas ninguno de ellos quiso acortar el proceso de Dios.

Reconozco que Dios utiliza hasta lo más sencillo e insignificante para hablarnos. Esta puede ser la oportunidad que estaba esperando de que alguien le diga: «Sí, hay esperanza en Dios. Hay sanidad en Él». Muchas personas se han acercado con preguntas: «¿Qué debo hacer? ¿Cómo debo reaccionar? ¿Qué decir o qué no decir?». Yo solo puedo hablar de mi experiencia, pero hay algo más poderoso que el poder de un testimonio: la misma Palabra de Dios. La Biblia es nuestro manual de respuestas. Ahí encontré consuelo, palabras de paz, lecciones aprendidas por otros, dirección de cómo comportarme, cómo pensar de mí misma y de otros, qué hacer en momentos de debilidad, qué decir y qué NO decir. Todo está ahí. Para usted y para mí. Su palabra es la verdad y será la guía de mi hogar y de mi matrimonio. Dios permitió que yo pasara por ciertas experiencias en esta vida, sólo para que se quedaran en el archivo de mi mente. Él es capaz de transformar mi desagradable vivencia en una de bendición. ¿Quiere que Dios haga lo mismo con usted? Busque la Palabra de Dios.

¿Fuimos rechazados? ¡Seguro que sí! Especialmente, por personas que no podían comprender cómo yo estaba con mi esposo luego de haber recibido tanto maltrato mental y emocional. Me sorprendo de la manera en que la mentalidad de justicia propia se ha apoderado aun del pueblo de Dios. El Salmo 103:6 dice que «Jehová es el que hace justicia y derecho a todos los que padecen violencia». Hay leyes divinas que no podremos detener. Lo que se siembra, se cosecha. De lo que abunda en su corazón, su boca hablará. No me preocupo para nada de lo que diga la gente de mí. He creído que Dios es mi justicia. Pido a Dios que tenga misericordia de todo aquel que es ignorante en esto, que sean abiertos sus ojos como lo fueron los míos.

Aprendí a no detenerme por nada ni por nadie. ¡Somos libres por su libertad! Somos bendecidos y estamos por encima, no por debajo. Las limitaciones existen sólo en la mente de los que no han creído en las promesas de Dios. Esas promesas son en Él sí y amén. Mi hija Anneliesse, un día me dijo: «Mami, aun si Dios no me diera lo que yo le he pedido, prefiero vivir con la esperanza a vivir con frustración». Así es, la esperanza no avergüenza. Siga adelante, reconozca a Dios en todos sus tiempos, y Él alineará su vida.

Palabras finales

Vivir día a día

«Así que no se afanen por el día de mañana ...
bástele a cada día su propio afán.»
—Mateo 6:34, paráfrasis del autor

Estaba sentado a la mesa del comedor, cuando Josué, mi segundo hijo de entonces diez años, se me acercó muy triste y quejoso, pues hacía unos minutos lo había regañado por haberse metido en problemas, y me dijo: «Papá, por favor, perdóname». La verdad, yo no quería ni hablar con él porque estaba muy molesto; pero no pude resistir el tono en que me habló y respondí: «Ven aquí». Lo abracé y lo besé, y él, correspondiéndome, dio un suspiro de alivio y se fue a su cuarto. Inmediatamente sentí la voz del Espíritu Santo que me dijo: «Te pareces a mí». En ese momento, estaba comiendo, solté mi tenedor y comencé a llorar, diciendo: «Padre, ¿cómo se te ocurre decirme algo así?». Con un tono de incredulidad y agradecimiento me preguntaba

ATRÉVETE A SER TRANSPARENTE

qué había visto Él en mí. Por poco se enoja el Señor conmigo, pero acepté el cumplido y _me percaté_ de lo que he avanzado en mi proceso. Al fin y al cabo, si algún tipo de demostración de esa gracia pude exhibir, no nació de mí mismo, sino de Él.

Hoy, vivo feliz junto a mi amada esposa Nany, quien ha estado conmigo desde el principio y quien, con el mismo carácter divino, me ha amado, soportado y ha sido testigo del poder de Dios en mí y en toda mi familia. Ella es, en verdad, la heroína de todo este libreto orquestado por Dios. No deja de sorprenderme el amor y la dulzura con la cual cría a nuestros cuatro hijos, en el temor y la sabiduría de Dios. Tener tres niños con necesidades especiales ha sido un campo de entrenamiento para nosotros.

La otra noche, Nany y yo conversábamos sobre lo que la gente pedía, a la hora de usar la «fe». Amigos nuestros nos comentaban su fe para comprar la mejor casa, adquirir el mejor empleo, el mejor auto y tantos otros juguetes. De repente, mi esposa, en un momento de silencio, dijo: «Yo gustosamente cambiaría casas, automóviles y posesiones, con tal de tener una sola palabra de Josean con significado». En ese instante se me congelaron los pensamientos y me transporté al rostro de mi hijo de seis años. Joseandreé, su hermana Laura y su otro hermano Josué fueron diagnosticados con autismo por los médicos. Quienes han visto los niños autistas saben que son sumamente especiales y que están encerrados en su propio mundo. Una de las cosas que más emocionan o entusiasman a los padres de niños como ellos es, cuando por unos breves segundos, abandonan su encierro y de alguna manera te miran con un asombro tal que pareciera que nunca te han visto antes, sólo para volver a sumirse en las tinieblas del silencio. Esos segundos son la luz del amanecer de la esperanza para muchos de nosotros, los padres, que anhelamos ser conocidos o más bien reconocidos por ellos.

¿No se parece eso, acaso, a lo que el Padre experimenta con nosotros, los que nos mantenemos encerrados en nuestras maneras conformistas de ser? Mi esposa y yo hacemos lo imposible con tal de ser notados por nuestros hijos. Usted puede estar seguro de que nuestro Dios hace lo propio, tratándose de nosotros. Esos niños nos enseñan el valor de lo cotidiano. Para muchos padres, el que un niño de dos años se lleve la cuchara a la boca es casi una rutina; para nosotros es un milagro, en uno de nuestros hijos. Los pequeños detalles que para otros padres pasarían inadvertidos para nosotros son un motivo de grande celebración. Sin embargo, con todo lo noble que parezca ser «agradecer» el privilegio de tener estos niños, hay días que parece que son imposibles de sobrellevar. Yo, como padre, ¡a veces me he sentido tan impotente y a la vez, tan incompetente! Mi esposa ha llevado a alguno de ellos a hacerse cierto tipo de evaluación y ha regresado a casa hecha casi un mar de lágrimas; y yo, sencillamente, solo puedo abrazarla, llorar y orar con ella. A veces, no hay palabras que puedan consolar; solo el soplo del espíritu de Dios y un corazón que se pueda doler. Luego, uno despierta a lo hermoso del poder de Dios, que le habla de tantas maneras diciendo: «Tú puedes».

Una vez, tuve de visita a mi hermano menor con su familia, en mi casa, y en una de esas noches, cuando por fin los niños se fueron a sus cuartos a dormir, tuvimos unos preciosos minutos de conversación íntima. Mi hermano y su esposa son ministros y gente muy sensible al Espíritu Santo. En un momento dado, mi cuñada comienza en tono de broma a decirnos que mi hermano se había pasado los primeros días llorando porque desconocía la rutina tan fuerte que tenemos con nuestros hijos. Caí en cuenta de que, en verdad, es muy difícil, a veces, hacerles entender muchas cosas a nuestros hijos; pero, a la misma vez, pude corroborar lo especial que es ser *escogido* para sobrellevar tal «carga».

El Señor nos ha dado el privilegio de poder estar en una iglesia en donde Él nos ha rodeado de gente comprensiva y atenta a las necesidades de padres como nosotros.

Mi esposa Nany es quien, la inmensa mayoría de las veces, lleva la peor parte de la carga; especialmente, cuando se trata de ir a la iglesia con los muchachos. Como pastor a cargo de la música en la iglesia, una de mis responsabilidades es la organización y la conducción de los tiempos de alabanza y adoración en mi congregación. Esto me obliga a dejarla sola mientras el tiempo de alabanza está llevándose a cabo en el santuario; lo que, a su vez, la deja a merced de tener que tratar de controlar sin ayuda a los niños.

En una ocasión, Laurita, que en ese entonces contaba con siete años, estaba muy inquieta y gritaba, fuera de control, durante los intermedios de anuncios y otras cosas en el servicio. Una señora que nos visitaba, muy «preocupada» e incómoda con la conducta de la niña, le sugiere a mi esposa dos veces, que la llevara al cuarto de maternidad para que estuviera más tranquila. Mi esposa, afectada ya por la batalla que tenía con la niña y con su hermano, quien gustaba de lanzarse a correr por toda la plataforma, con lágrimas en sus ojos se dispuso a recoger todo y regresar a la casa, como en otras ocasiones le había sucedido. Mientras ella caminaba hacia la puerta, nuestro pastor, Roberto Candelario, dijo: «¡Ah, si es Laurita! Por favor, Nany, no te vayas». Mi esposa me cuenta que esas palabras calaron tan profundo en ella, pues era como oír al Señor decir: «No me importa a cuánta gente le fastidien tus hijos, para mí son sumamente importantes». ¡Qué maravilloso descanso!

Es precisamente esa tolerancia la que necesitamos tanto, actualmente, en el Cuerpo de Cristo, para entender los procesos de Dios en tantos hijos pródigos. Muchos desean ver cambios radicales en otras personas, pero, la mayoría del tiempo, olvidan o ignoran que estas cosas toman tiempo. A nosotros, como padres, el Señor nos sigue entrenando para tratar con las peculiaridades y diferencias de nuestros hijos.

Mi hija mayor, Anneliesse, aunque no tiene la condición de sus hermanos, ha pagado un precio alto en su desarrollo. Actualmente, en su adolescencia ha tenido que enfrentar una condición física heredada de mi parte y, además de eso, tener que desarrollar comprensión y tolerancia con sus hermanos. Me siento tan orgulloso de sus logros en esa área, especialmente, porque desde hace varios años decidimos educarla en el hogar. El sueño de todo líder cristiano es ver a sus hijos abrazar una relación con Jesús, independiente de toda influencia o presión familiar, y eso precisamente ha sucedido con mi hija. El Señor le ha hecho un llamado poderoso y su carácter pastoral es una bendición extraordinaria, además de que canta maravillosamente.

En mi experiencia, al tratar con padres que tienen hijos problemáticos en cualquier área, he descubierto cuán propensos somos a maldecir o, mejor dicho, a enfatizar palabras negativas sobre nuestros hijos. En una ocasión, regresaba de un viaje y, mientras esperábamos a que la puerta del avión se abriera para recoger nuestras maletas, escuché detrás de mí cómo esta joven madre, al parecer soltera, se quejaba de su niña de unos cinco años. «¡Esta nena no se calla, me tiene mareada! ¡Niña, cierra la boca ya!, ¡me haces cada pregunta!», exclamaba molesta. La niña, en verdad, hacía muchas preguntas, pero es que era sumamente brillante, y su insaciable curiosidad merecía respuestas directas. En un momento dado, como la madre insistía en regañarla y quejarse con los que estaban al lado de ella, no pude resistir la tentación de hablarle a aquella mujer. «¡Cuánto daría yo porque mi hijo de la misma edad de su hija me cosiera a preguntas!», exclamé en voz alta. Es más, le dije: «¡Cuánto daría yo por sólo escucharle decir papá!». La señora me miró muy desconcertada y proseguí a decirle: «¿Sabe que su hija se ha portado excelentemente bien durante el vuelo, y hasta ahora, esas cosas no se las ha señalado?». Imagínense su expresión cuando proseguí a relatarle de mis hijos. Necesitamos desarrollar más la capacidad de reconocer lo bueno en nuestros hijos para sacar el máximo potencial en ellos.

Necesitamos desarrollar más la capacidad de reconocer lo bueno en nuestros hijos para sacar el máximo potencial en ellos.

Mi esposa y yo hemos participado en los últimos años como colaboradores del ministerio Los Hijos del Padre, a cargo de los pastores Rigoberto y Sonia Carrión. Allí formamos parte de un grupo de apoyo que se reúne cada dos semanas para recibir entrenamiento y ministración en torno a los que luchan con la homosexualidad y otros quebrantamientos sexuales. De vez en cuando, estoy dando talleres y adiestramiento para crecer en el proceso de sanidad en esa área. Una de las cosas que más atesoro en ese grupo es el mover poderoso del Espíritu Santo en los tiempos de adoración, y la otra, la santidad de corazón con la que tenemos tiempos de confesión y de rendir cuentas. Hablando de esto, esa es precisamente la clave primordial para establecer un movimiento ascendente en nuestro crecimiento y en la liberación de nuestras ataduras. Es importante tener un grupo de hermanos que conocen su lucha y a la vez pueden sobrellevar su carga, sin entrar en enjuiciar ni señalar, precisamente porque han pasado por ese mismo valle de sombra y de muerte. Necesitamos orar para que Dios siga levantando grupos de apoyo en cada congregación, es más, que cada congregación se convierta en un inmenso grupo de apoyo y, así, contribuir a la restauración de tantos que necesitan encontrarse con el Dios de su identidad.

Tengo un buen amigo, el pastor Javier Laboy, quien siendo muy joven el Señor lo llamó a pastorear la iglesia que su padre levantó. Cuando comenzó su ministerio, Dios le dijo: «Cambia todo». Empezó a buscar el corazón de Dios a ver qué significaba aquello. Un día, al comienzo de su desempeño como pastor, en medio de una predicación basada en 2 de Corintios 3, que habla de ser ministros de un nuevo pacto, sucedió algo insólito. Javier estaba refiriéndose a la urgencia de confesar y quitarnos el «velo» de hipocresía como el que usó Moisés ante los judíos y, de repente,

Es importante tener un grupo de hermanos que conocen su lucha y a la vez pueden sobrellevar su carga.

afirmó que Dios le dijo: «Ahora, descúbrete tú ante ellos». Dios le estaba pidiendo que la gente escuchara cosas que ni a su esposa él había admitido. Y lo hizo así. De pronto, cuenta él, comenzó a hablarles de su pasado, de haber sido abusado y de sus luchas con la perversión. Un escalofriante silencio recorrió el santuario, cuando de repente, salió un hermano diciendo a fuerte voz que él no estaba tocando la batería porque había caído en las drogas, durante la Navidad. Luego, se levantó una hermana, llorando, a confesar su lucha en su hogar; de pronto, otro hombre, entre sollozos, a confesar su infidelidad; otro, su falta de integridad económica, y así, uno por uno, fueron declarando cosas y pidiendo perdón. Hubo un derramamiento de misericordia y gracia tal en aquel lugar que aun las visitas rogaban por una intervención y ministración tan violentamente honesta.

Sueño con una iglesia llena de esa gracia y de esa sinceridad que nace de un quebrantamiento genuino. La transparencia en Cristo es esencial, a la hora de encarar el reto de involucrarse en sanar y restaurar a todos aquellos que están heridos y lastimados por la confusión de su identidad. En una cultura que glorifica la imagen de la gente y establece parámetros de éxito basándose en logros que pueden medirse en números, es indispensable volver a fundamentarnos en el establecimiento del carácter de Jesús en nosotros. La iglesia hispana tiene que aprender a renunciar a su herencia machista y cultural e integrarse al plan de redención global en el reino de Dios. El Padre anda buscando hijos redimidos y deseosos de entrar en el proceso de acercarse más a la imagen de Cristo, a cualquier costo. Esto va a demandar que aquellos que no luchan con esos demonios o tendencias en su carne dejen a un lado sus mofas y su menosprecio, que no es otra cosa que ignorancia o tinieblas, como lo enseña la Biblia, y busquen el corazón de Dios para ser los brazos de Jesús para abrazar y cubrir a esta gente.

Al final de este libro, hay una información valiosa de lugares en donde puede encontrar ayuda y consejo, si es que entiende que necesita salir de este tipo de conducta. También lo animo a que, si no participa de esa área de debilidad, pero desea educarse y prepararse para ser instrumento de Dios para sanar a otros, busque información al respecto.

Aún queda mucho camino por recorrer, en este viaje por la restauración de la imagen del hombre de Dios en mí. Posiblemente, tendremos que luchar con uñas y dientes en momentos donde nuestro corazón pretenda imponer sus demandas, anteponiéndose a las promesas del Altísimo. El reto está delante de nosotros, las herramientas para vencer están disponibles; pero sin la transparencia, será imposible terminar la carrera y obtener la corona de la vida.

En Mateo 7:21-23, se establece la importancia de la sinceridad. Allí se habla de los que, aun haciendo portentos y maravillas para Dios, no alcanzaron el fin de nuestra fe, que es la salvación del alma. Si escuchamos su primer reclamo, entenderemos que dice: «Nunca me abriste tu corazón... no te pude conocer». El Maestro espera por aquellos que quieran, a toda costa, correr a sus pies para ser desnudados; por los que violentamente arrebatan el reino de los cielos, que no negocian la verdad de Dios por la apariencia del hombre, que están dispuestos a someterse a los procesos de Dios, esperando la manifestación de su sanidad, en su tiempo. En fin, los que se atreven a ser transparentes.

BIBLIOGRAFÍA

Cohen, Richard. *Gay Children, Straight Parents: A Plan for Family Healing.* Bowie, MD: International Healing Foundation, 2006.

Consiglio, William. *¿Qué es la homosexualidad?/Homosexual No More* [No más homosexual]. Christian Literature Crusade, 2004.

Matos, Rey. *Señor, que mis hijos te amen.* Lake Mary, FL: Casa Creación, 2003.

Paulk, Anne. *Restoring Sexual Identity.* Eugene, OR: Harvest House Publishers, 2003.

Rentzel, Lori. *Emotional Dependency.* Downers Grove, IL: InterVarsity Press, 1990.

Weiss, Douglas. *El sexo, los hombres y Dios.* Lake Mary, FL: Casa Creación, 2003.

Whitehead, Neil E. & Whitehead, Briar. *My Genes Made Me Do It!* Lafayette, LA: Huntington House Publishers, 1999.

Lugares en donde puedes encontrar ayuda referente al área de quebrantamiento sexual:

Exodus Latinoamérica:
www.exoduslatinoamerica.org
Aptdo. Postal 4-25
Cuernavaca, Morelos, México 62451
Tel/Fax (52-777) 317-84-24
Correo Electrónico: exdsla@attglobal.net

Ministerio Hijos Del Padre
P.O. Box 570745
Orlando, FL 32857-0745
Tel.: 407-277-7507
Fax: 407-823-8778
Correo Electrónico: hprodigo@prodigy.net
www.elhijoprodigo.org

Exodus International
P.O. Box 540119
Orlando, FL 32854
Tel: 407-599-6872
1-888-264-0877
(en inglés)

Si este libro ha sido de ayuda, o si desea compartir su testimonio con nosotros, puede escribirme a la siguiente dirección:

Charlie Hernández
PO Box 574795
Orlando FL 32857
Correo Electrónico: lordandmasterinc@hotmail.com
Página web: www.charliehernandez.net

Charlie Hernández es un compositor, productor y pastor asociado en el Centro de la Familia Cristiana en Orlando, Florida. Sin embargo, más que eso, es un adorador. Desde los nueve años comenzó su anhelo de cantar para el Señor, el cual lo llevó a estudiar en el Conservatorio de Música de Puerto Rico. Su talento le ha permitido participar junto a artistas cristianos como Marcos Witt, Danilo Montero, Marco Barrientos y 33D.C. entre otros. En su ministerio de 20 años, tiene diez producciones discográficas y cientos de canciones compuestas, muchas de ellas interpretadas por artistas cristianos. Reside en Orlando, Florida, junto a su esposa, Nany, con quien lleva casado 21 años, y sus cuatro hijos: Anneliesse, Josué, Laura y Joseandreé.

Conozca a Dios
como nunca antes

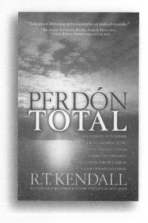

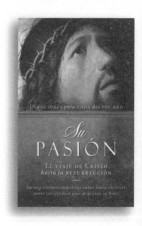

www.casacreacion.com
Internacional 407-333-7117 • 800-987-8432

5359

LIBROS QUE
IMPACTAN
—— Y ——
TRANSFORMAN
VIDAS...

-800-987-8432 • 407-333-7117

CASA
CREACIÓN
A STRANG COMPANY
www.casacreacion.com

Libros para
transformar
restaurar
vidas...

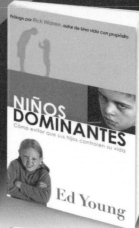

CASA
CREACIÓN
A STRANG COMPANY

1.800.987.8432 ◆ 407.333.7117 ◆ www.CasaCreacion.com

VidaCristiana

La revista para latinos cristianos

Tenemos la misión de ayudar a nuestros lectores a ser lo que Dios desea. Eso lo logramos a través de secciones como:

- ✦ Entrevistas a líderes
- ✦ Noticias de lo que Dios está haciendo alrededor del mundo
- ✦ Columnas escritas por líderes como: Marcos Witt, Tommy Moya, Joyce Meyer, Dr. James Dobson, y muchos más
- ✦ Secciones para hombres, mujeres, jóvenes y niños
- ✦ Testimonios y un amplio devocionario

*"**Vida Cristiana** es un verdadero instrumento de unidad en el Cuerpo de Cristo. Es una revista que yo recomiendo personalmente. Los animo a suscribirse hoy."* **—Marcos Witt**

¡GRATIS!

¡Suscríbase a **Vida Cristiana** hoy y recibirá un regalo GRATIS con su suscripción pagada!

❏ ¡Sí! Quiero SUSCRIBIRME a *Vida Cristiana* por un año por sólo $12.00
❏ ¡Sí! Quiero SUSCRIBIRME a *Vida Cristiana* por dos años por sólo $20.00

NOMBRE *(letra de molde, por favor)*

DIRECCIÓN

CIUDAD/ESTADO/CÓDIGO POSTAL/PAÍS

TELÉFONO   FAX   DIRECCIÓN ELECTRÓNICA (E-MAIL)

❏ Pago incluido (recibirá un regalo gratis) ❏ Cárgelo a mi tarjeta de crédito #

❏ Envíenme factura (solamente en E.E.U.U)   Fecha de vencimiento:

Fuera de los Estados Unidos, por favor añada $7.50 (m.EE.UU.) de cargo a las suscripciones de un año y $15 a las de 2 años.

www.vidacristiana.com

Vida Cristiana 600 Rinehart Road, Lake Mary, Florida 32746
Para servicio inmediato llame al 1-800-987-VIDA • (407) 333-7117

A6ABKS   5947B

Richie Ray + Bobby Cruz — Salsa Xu
Ch 8 — story of paralytic @ Pool of Bethesda